Peter Rapp

# Lachblüten

## Die witzigsten Stilblüten.

VERLAG 66

IMPRESSUM

2. Auflage 2004

Buch-, Kunst- und Musikalienverlag GMBH
A-3300 Amstetten, www.verlag66.at

Autor: Peter Rapp
Layout, Grafik & Repro: IGG Image Graphic Productions GmbH
A-3300 Amstetten

Gedruckt und gebunden in Österreich



ISBN 3-902211-07-5

## Aus dem Inhalt

# VORWORT

Miteinander lachen können, ist einfach herrlich und befreiend. Die Steigerung von miteinander ist - für mich - wenn man über sich selbst lachen kann. Pointen, Geschichten, Aktionen, die zum Lachen reizen, haben mich immer schon fasziniert. Niemals Worte oder Vorgänge, die lächerlich sind oder, wie die Jugend heute sagt, urpeinlich. Da leide ich. Wenn ich, bei meiner Sucht, etwas Komisches zu sagen, jemanden beleidige, dann bin ich betroffen und traurig. Und - es tut mir ehrlich leid.

Mit beiden Händen habe ich zugegriffen, als mir der Verlag 66 angeboten hat, diese Sammlung als Buch zu veröffentlichen. 15 Jahre nach meinem „HOPPALA"- Buch suchte ich wieder alle meine Disketten und Aufzeichnungen zusammen und

kramte in meinem Gedächtnis, nach Allem, was ich gehört und gespeichert habe.
Zum Auftakt finden die LeserInnen die klassischen Stilblüten der Kinder. Kinder sprechen und schreiben, wie sie denken - ohne zu denken. Die teuflische Zweideutigkeit kommt erst mit dem Alter in die Gehirne.
Eines meiner ersten Bücher, die ich gelesen habe, hieß: „Aus dem Papierkorb der Weltpresse" und war eine Sammlung missverständlicher Meldungen und Berichte. Heute habe ich für Sie selbst so eine Sammlung festgehalten.
Eine Fundgrube sind Schreiben an Versicherungen und Behörden. Dank an alle, die mir solche Schreiben haben zukommen lassen. Wenn jemand sein eigenes Schreiben erkennt, möge er/sie nicht beleidigt sein. Bei solchen Schreiben hatte und habe auch ich meine Probleme. Da kann leicht etwas zu Papier gebracht werden, was zum Lachen reizt.
Das Internet vergrößerte die Fundgrube für

„LACHBLÜTEN" ins Unendliche. Da begegne ich so vielen „alten Bekannten" und oft eigenen Texten. Aber auch viel Neuem, Querdenkern und Kreativem. Schon deshalb empfinde ich das Internet als einen Segen unserer Zeit.

Eine besondere Freude wird es mir bereiten, die Leserinnen und Leser von „LACHBLÜTEN" und ihre Freunde bei Lesungen anzutreffen. Dort kommt der Reiz des Vortrages dazu und bei diesen Veranstaltungen können wir miteinander lachen und wenn ich mich bei den „ZUNGENBRECHERN" dann über mich selbst lustig machen kann, freue ich mich jetzt schon auf ein unvergessliches „Date".

Peter Rapp

# Prolog oder Die legendäre Moderation des Professor Umlauft

Der Erste, der mir vorführte, welche Heiterkeit man in einer Moderation hervorrufen kann, war, glaube ich, mein Lateinprofessor namens Umlauft. Sein Vorname ist mir entfallen, nicht aber, wie er die Klasse zu Lachstürmen hinriss. Professor Umlauft spielte einen Professor, der einen Geschichtsvortrag über den zweiten Perserkrieg 480 v. Christus hielt und gleichzeitig versuchte, seine Klasse unter Kontrolle zu halten.

Ich will versuchen, diese „Moderation" zu rekonstruieren:

„Wenn man heute die Thermophylen besucht, wird man eine antike Gedenktafel vorfinden, auf der zu lesen ist ... **die gesamte 5 A wird heute nachsitzen, wenn Sie mir keine Aufmerksamkeit schenkt** ... auf der zu lesen ist: Wanderer, kommst Du nach Sparta, so melde, Du habest uns hier liegen gesehen, wie das Gesetz es befahl ... Diese Tafel zeugt von einer Schlacht an den Thermophylen, zu deutsch: Tor der warmen … **Würstel! Wenn Ihr nicht aufpasst, werdet Ihr dumm bleiben** … oder besser der heißen Tore. Xerxes, der persische König der Könige rückte im Hochsommer des Jahres 480 vor Christus mit 150.000 Fußsoldaten, darunter 10.000 Unsterbliche gegen den Thermophylenpass vor. Er blickte über sein Heer und rief … **wer schießt hier mit Papierkugeln? Wenn ich den Kerl erwische, kann er was erleben** … er rief: Der Sieg ist uns gewiss … Dann sprach er zu einem Späher … **Moser, warum hast Du ständig die Hand oben? Du wirst doch nicht schon wieder auf´s Klo müssen? Was hast Du heute gegessen? Also gut, verschwinde, bevor ich es mir anders überlege** … er sprach zu dem Späher: Geh und berichte, was Du siehst.

In dem Pass saß Leonidas, König von Sparta und dachte … **hier stinkt es, kann nicht jemand ein Fenster öffnen?** … und dachte: Wir werden dem Gesetz Genüge tun. Nur wenige Krieger können gleichzeitig in diesen Pass eindringen. Wir werden bis zum letzten

Mann kämpfen. ... Tagelang rollten die persischen Angriffe. Tausende erschlagene persische Krieger lagen bereits vor den Thermophylen. Xerxes rief die Unsterblichen ... **Cerwenka und Prohaska kommen Sie nach vorne, Ihr ständiges Flüstern stört mich** ... doch auch von den Unsterblichen sollten viele fallen ... Erst Ephialtes entschied den Krieg durch einen Verrat. Er sprach zum König: ... **Fürst! Gib mir Dein Mitteilungsheft, Deine Eltern sollen über Deine Unfähigkeit Bescheid wissen** ... Ephialtes sprach: Ein Tal, das niemand außer mir findet, führt parallel in den Rücken des griechischen Heeres. 15.000 gefallene persische Krieger lagen vor dem Pass, als die Hellenen von zwei Seiten angegriffen wurden. 300 Spartaner und 700 Thespier waren noch am Leben. König Leonidas rief Ihnen zu : ... **das Läuten ist Eure Rettung! Los! Alle raus hier! Pause!** ...

# Stilblüten aus der Schule

## Aus Schulaufsätzen

### Auf der Alm gibt´s koa Sünd´!

Senner und Sennerin leben auf einer Alm und treiben im Herbst ab.

### Ich werde Feuerwehrmann!!

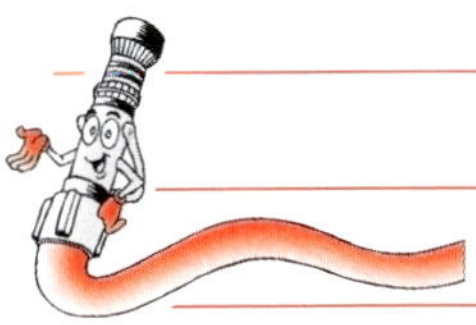

Die Feuerwehrmänner hatten lange dicke Schläuche, mit denen sie ihr Wasser abließen.

### Echte Nächstenliebe:

Beim roten Kreuz sind Männer und Frauen, die ihre Nächsten lieben, das tun die meisten umsonst, aber manche kriegen das auch bezahlt.

### Raffiniert:

Meine Oma versteckt ihre Tabletten immer oben im Kasten, damit sie keine Kinder kriegen können.

## Not macht erfinderisch.

Beim Streik füllten viele Leute den ganzen Platz. Da manche keinen Platz mehr hatten, pflanzten sie sich in den engen Gassen fort.

## Ein tragischer Unfall:

… der Bauer verlor die Herrschaft über seinen Hänger, der brutal um fiel. Der ganze Verkehr wurde auf gehalten und keiner konnte das Schwein einfangen. ?

## Aufgeklärt?

Wir besuchten die Tante im Spital, wo Mütter ihre Kinder gebären. In ihrem Zimmer lagen auch noch andere Gebärmütter. ?

## Ehe und Hochzeit:

Es gibt kein bestes Alter zu heiraten. Aber es ist gut, wenn du schon älter als 23 bist, da kennst du deine Frau schon 10 Jahre früher.

Wenn mann eine Frau küsst, dann muss mann sie sofort heiraten und Kinder kriegen. Das ist eben so und nicht anders.

Ich werde mit meiner Frau niemals in einem Bett schlafen, denn ich will nicht, dass sie davon fett wird.

Man muss der Frau immer sagen, dass sie schön ist, auch wenn sie nach nix ausschaut.

Klimabakterium **(Klimakterium)**

**Ein typisch österreichisches Schicksal:**

Die meisten großen Erfinder erlebten Ruhm und Anerkennung erst wenn sie tot sind.

**Wia da Hea so´s Gschea:**

Bei der Hundeschau mussten die Besitzer mit den Hunden vor die Jury. Dabei wedelten die meisten freundlich mit ihrem Schwanz.

## Ohne Fleiß kein Preis:

Die Zeiten waren schlecht, das Leben hart und entbehrungsreich. Und trotzdem gelang es fleißigen Bauern, die kahlen Berge Tirols in fruchtbare Täler zu verwandeln.

## Das Wetter ist unberechenbar:

Das Wetter kann einem schon eine ordentliche Rechnung durch den Strich machen. ?

## Wahre Tierliebe:

Als unser Hund in der Nacht zu bellen anfing, ging meine Mutter vors Haus und stillte ihn.

## Eine Empfehlung an das moderne Gesundheitswesen:

Im Mittelalter wurden die Menschen nicht so alt wie wir heute. Sie hatten keine Ärzte und Spitäler, dafür viel weniger Verkehr. ?

**Ein Sonntagsgottesdienst mit Zwischenfall:**

Der Pfarrer sang ein feierliches Lied, dann fiel die ganze Kirche ein.

**Rückläufige Einwohnerstatistik:**

Im Schaukasten vor der Gemeinde werden alle Toten oder neuen Ehepaare zur Information aufgehängt. ?

**Jus primae Noctis - das Recht auf das 1. Mal?**

Der Standesbeamte vollzog an meiner Schwester die Ehe.

**Das hört Edith Klinger sicher nicht gern:**

Wir sahen einem Fischer zu. Er stand auf der Brücke und warf einen Köter ins Wasser. Dann ließ er ihn lange Zeit hineinhängen und wartete, bis was anpiss.

**Na, Mahlzeit!**

Das Rossbif ist das beste Stück vom Pferd.

**Deftige Nachspeise im Englisch-Unterricht:**

After dinner we ate the cook. (cake)

**Solange da kein Geisterfahrer unterwegs ist ...**

Am Muttertag ist der Verkehr besonders stark, denn da wollen alle mit ihren Frauen und Müttern was Neues machen.

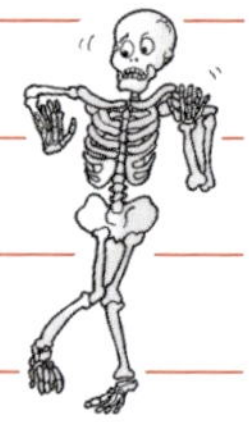

**Und wenn sie nicht gestorben sind ...**

Ich mag die alten Filme nicht sehr gerne, weil da spielen nur tote Schauspieler mit.

**Ach, die unschuldige Kindheit!**

Mein Vater hat gesagt, dass ich keine Ahnung von Titten und Blasen habe.

**Penibel:**

Wir mussten laut und deutlich unseren Namen auf das Heft draufschreiben.

**Arnold Schwarzenegger produziert die neueste Dumas-Verfilmung:**

Die 3 Muskeltiere

**Schillers Bürgschaft quält auch heute noch so manchen Schüler:**

Damon wollte drei Tage Zeit von seinem Tyrannen, um seine Schwester von ihrem Mann zu befreien.

Ein Dämon wollte den Tyrannen töten. ?

**Reif fürs Guinessbuch der Rekorde:**

Die Pizza San Marko ist der größte Platz in Venedig.

**Friedrich Schiller:**

**Der Akt der Schweizer Befreiung:**

Wilhelm Tell versteckte sich hinter dem Busch. Als der richtige Moment gekommen war, drückte er ab und fühlte sich innerlich befreit. ?

**Zur Sinnhaftigkeit der Weltraumforschung:**

Die Astronauten haben entdeckt, dass der Hinterteil des Mondes ebenfalls viele Krater aufweist.

**Allergie?**

Das Messgerät erzeugt einen Ausschlag. ?

**Das zeigte nur RTL 2:**

Der Ätna ist ein mächtiger Vulkan. Erst letztes Jahr hatte er eine gewaltige Erektion, die man auch im Fernsehen sehen konnte.

**Tasteninstrumente sind nicht alle gleich ...**

Orgel und Klavier haben Tasten zum Drücken, aber auf der Orgel sitzen große Pfeifen, die ordentlich dröhnen können.

**Der Euro doch ein Teuro?**

... die Preise haben gastronomische Ausmaße erreicht.

**Lehrer: Sei doch mal ruhig und hör gut zu. Das wirst du doch schaffen?**

**Schüler:** Ja, beim Fernsehen kann ich sogar länger als eine Stunde ruhig sitzen.

**Mama ist die Beste!**

Meine Mutter ist nach wie vor eine schöne Frau. Mann sieht es ihr an, dass sie einmal jung gewesen sein muss.

**Soll schon mal passiert sein ...**

Meinem Bruder hat es so geschmeckt, dass er den Teller gleich zweimal bis zum Rand vollgemacht hat.

**Früh übt sich, wer mal Finanzminister werden will ...**

Das Produkt verdoppelt sich um die Hälfte.

**Lehrer: Was können wir alles mit unseren Ohren machen?**

**Schüler**: Ohrringe stechen.

**Muttertag:**

Am Muttertag schenke ich der Mama Blumen. Das hat sie so sehr gefreut, dass sie ein ganz lächerliches Gesicht gemacht hat.

**Die stille Weihnachtszeit:**

Die 3 Heiligen Könige brachten dem Jesuskind Gold, Weinrauch und eine Möhre.

**Aussage des EU-Landwirtschaftsministers?**

Früher mussten die Bauern frohen Dienst machen.

Vor Weihnachten krieg ich immer einen an d`Wänd-Kalender. **(Adventkalender)**

**Das könnte auch in einer Zeitung stehen:**

Die Ärzte kämpften mit dem Leben des Patienten.

Am Muttertag aßen wir den guten Mutterkuchen.

**Exakte Personenbeschreibungen:**

Er ist groß und auf der Seite gar nicht so dick.

Die Lippen hängen bis zum Kinn herab.

Er hat lange Beine mit einer Jean an.

Meine Sitznachbarin hat zärtliche Finger. **Ups!**

**Adel verpflichtet ...**

Der Briefträger trägt sein Berufskleid mit Würde und Adel.

**Der wichtigste Mann im Ort:**

Wenn unser Bürgermeister ein Geschäft verrichten muss, fährt er in die Gemeinde.

**Meine Omi:**

Sie hat schon zwei falsche Zähne oben, aber so geht es jeder Frau, wenn sie langsam alt wird.

**Die gute alte Zeit ...**

Früher haben die Eltern ihre Kinder streng gezüchtet.

**Sport ist M...**

Sie fuhr so schnell, dass sie den Kopf verlor und nicht mehr bremsen konnte.

Nach dem Skiunfall lag er zerstreut im Schnee.

Manche Skifahrer verlassen das gesicherte Gelände, um in eine Gletscherspalte zu fallen oder unter eine Lawine zu kommen.

**Tapferkeit ist eine seltene Tugend:**

Die Polizisten verließen heulend den Tatort.

Infektionsspitze **(Injektionsspritze)** ?

**Biobauern und die moderne Landwirtschaft:**

Der Bauer milkte die Kühe und füllte sie in Alkuhkanen.

Die Bauern sind wichtig für die EU und daher kriegen sie für ihre Landschaftsplage auch Geld.

**Romantisch:**

Der Sonnenaufgang ging auf.

**War da kein Rollo?**

Als ich aus dem Fenster schaute, sah ich, dass mich die Sonne blendete.

**Warm anziehen!**

Wenn es im Winter ganz kalt ist, muss man schauen, dass seine Exkremente nicht abfrieren.

**Mutter Natur weiß sich zu helfen:**

Die Bäume werfen lange Schatten, damit es nicht zu heiß wird.

Die Schmetterlinge schlüpfen aus Kroketten.

**Was wohl der Schiedsrichter machte?**

Am Fußballfeld waren gerade zwei Mannschaften beim Vorspiel.

**Überall sonst Anarchie?**

Die Demokrationslinie verlief zwischen Linz und Wien.

## Sollte es nicht eher umgekehrt sein?

Am Opernball tragen schöne reiche Frauen all ihre Pracht zur Sau.

## Haarwuchsmittel gesucht:

Johannes Heesters hatte sein Toupet in den 30iger Jahren. (Debut)

## Ein leidenschaflticher Single:

Mein Bruder ist zwar schon 24 Jahre alt, aber immer noch singular.

## Na, der wird Augen gemacht haben!

Die Vereinigung des Brautpaares erfolgt vor dem Priester. ?

## Was sind Feuer, Wasser, Luft und Erde?

die 4 Alimente **(Elemente)**

Omibus **(Omnibus)**

Mrs. Sipi **(Mississippi)**

**Nur unter dem Mikroskop zu sehen:**

Wasserorgasmen **(Wasserorganismen)**

**Umsichtige Pflegehilfe:**

Die Schwester von der Heimhilfe kommt täglich zu meinem Opa und faschiert ihm die Beine.

**Ein Riesenknödel:**

Der Kloß von Rhodos war eines der 7 Weltwunder.

In Russland gibt es viele Kalkhosen. **(Kolchosen)**

**Hätt´s doch damals schon einen Hörapparat gegeben ...**

Beethoven konnte sich seine Musik nicht anhören.

Beethoven hörte nichts, daher verstand ihn seine Zeit nicht.

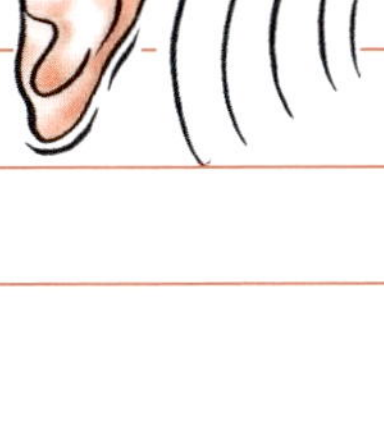

**Kein Wunder, dass sie so spät kamen:**

Meine Eltern waren beim Mozartopa. ?

**De Bello Gallico**

Zäsa massaggrierte die Germmannen.

**Die Philosophie zwischen den Zeilen.**

Vorm Heiraten braucht man keine Angst haben. Meine Tante Lisa hat sich auch mit ihrem Mann getraut.

**Was für Zustände!**

Die katholischen Priester sind unehelich.

**Ein Kunststück:**

Wir müssen das mit anderen Augen hören.

**Werbeslogan:**

Manner ist die Götterspeise. ?

**Bedauerlich:**

Und schließlich starb er an seinem Lebensende.

## Kampagne gegen die Verwendung von Treibgasen ...

Bumssprays sind gut für die Natur. (Pumpspray)

In der Nacht kommen Spinner und Spanner ans Fenster. **(Gemeint sind Gattungen der Nachtschmetterlinge).**

## Wen oder was?

Martin Luther gründete die Protestuierten.

Der Prinz küsste regungslos die schöne, schlafende Prinzessin.

Die Periode von Maria Theresia dauerte fast ein halbes Jahrhundert an. ?

Der Bauer steht schon ganz früh auf und geht auf die Wiese. Später folgen ihm alle, doch er hat dann schon viele große Haufen gemacht.

# Witziges aus dem Kindermund

Spielen wir Mutter, Vater Kind. - Ich bin die Mutter, aber du tust mich ja nicht abschmusen.

So was gibt's in Echtigkeit nicht.

Die Blumen sind ja schon ganz abgelaufen.

**Steffi:** Ich war in den Ferien mit meinen Eltern in Kärnten, und du?
**Meli:** Ich war im Urlaub.

**Raphael:** Du, ich hab gestern deine Mama gesehen.
**Nadine:** Na und, ich auch.

**Yvonne:** Meine Lieblingsfarbe ist bunt.

**Sandy:** Mama-Lade-Brot

Ich möchte mal das Selbe werden wie die Mama, Krankenschwester, aber da ich ein Mann bin, werde ich halt Krankenbruder.

## Auch Lehrer sind nur Menschen:

**Wahrscheinlich stimmt das vielleicht.**

Man muss sich zweimal verrechnen, damit man die Chance hat, wieder richtig zu liegen.

**Am Anfang war das Nichts.**

Null ist nicht Nichts.

**Ein Mathe-Lehrer über die Sinnhaftigkeit der Wahrscheinlichkeitsrechnung:**

Zum Beispiel gehen zwei Männer ins Klo. Einer geht raus. Wie viele sind drin? Zwei. Einer war vorher schon da.

**Mengenlehre:**

Ihr müsst Euch das so vorstellen: Wenn in der ersten Station 5 Fahrgäste in den Zug steigen, in der zweiten 6 aussteigen, muss in der dritten Station 1 Fahrgast zusteigen, damit der Zug leer ist. Alles klar?

**Weise Erkenntnis:**

Manche begreifen es nie, andere noch später.

**Selbsterkenntnis:**

Andere gucken sich nackte Weiber an, ich geile mich an den schlechten Noten meiner Schüler auf ...

Ich bin der Fels in der Brandung, das wilde Schwein an der Schule.

**Erotisch.**

Wir werden es dann mit einem Elektromotor treiben.

**Ein Fest der Sinne.**

Ich hör ständig, wie sich dein Mund bewegt.

# Lehrer-Schüler-Dialoge

Lehrerin: „Welche Aufgabe hat die Bienenkönigin?"
Schüler: „Regieren!"

Lehrer: „Eine Kartoffel hat 46 Chromosomen."
Schüler: „Die sind ja gscheiter als wir!"

Lehrer: Wir reden über die sprachlichen Unterschiede von Österreich und Deutschland, z.B. Wiener und Frankfurter Würstchen ...
Schüler: „Täglich Alles heißt dort Frankfurter Allgemeine!"

Lehrer: „Etwas aus dem Barock, denk an Paris!"
Schüler: „Eiffelturm."

**Lehrer: „ … dann schlüpft das Kücken aus dem Ei!“**
**Schüler:** „Eisprung.“

**Lehrer: „Könnt ihr eure Aufmerksamkeit wieder dem Unterricht zuwenden?“**
**Schüler:** „Ich verspreche nichts, was ich nicht halten kann!“

**Lehrer: „Was ist eine Fuge?“**
**Schüler:** „Das zwischen den Fliesen!?“

## „Sinnsprüche“

Wenn ein Mann mit einer Frau nicht auskommt, dann nennt man das Bigamie.

Kinder sind meist noch sehr jung, weil sie noch nicht so alt sind.

Napoleon traf seinen Gegner an der
empfindsamsten Stelle.

Unser Lehrer behandelt uns wie normale Menschen,
nicht wie Schüler.

Der Arzt fragte den Computer,
was für eine Krankheit der Patient gehabt hat.

Die Temperatur steigt nur dann,
wenn die Sonne scheint.

Wenn sich ein Ehepaar dauernd streitet, dann lassen
sie sich bald scheiden. Schon bald aber hat die Frau
wieder einen Partner und alles beginnt wieder von
vorne.

# Stilblüten aus Versicherungen

## Mülltrennung:

Vermutlich ist der Brandschaden durch achtloses Wegwerfen eines Spaziergängers entstanden.

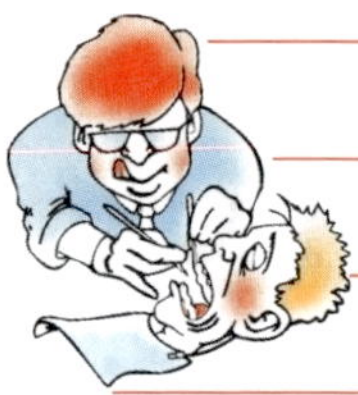

## Gute Arbeit!

Der Zahnarzt hat mir dankenswerterweise neue Zähne eingesetzt, die völlig zu meiner Zufriedenheit ausgefallen sind.

## Trockenlegung:

Ich habe Rheumatismus und ein 3jähriges Kind, was auf die in der Regel stark auftretende Feuchtigkeit zurückzuführen ist.

## Amputation?

Meine verletzten Körperteile entnehmen Sie bitte der Beilage.

**Vorsehung:**

Der Diebstahl meines Mannes wurde Ihnen bereits rechtzeitig von mir gemeldet.

**Sehr nett:**

Nachdem mein Mann endlich gestorben war, wollte ich kein weiteres Schwein mehr dazunehmen.

**Da heißt´s aufpassen!**

Bei jedem ungewollten Fehltritt spüre ich das Verlangen nach einer neuerlichen ärztlichen Behandlung des nach wie vor schmerzenden Gliedes.

**Psychiatrischer Notdienst:**

Mein Dachschaden wurde letzten Freitag rechtzeitig und pünktlich behoben.

**So ein Pech auch:**

Wir haben 5 Kinder, das jüngste ist gerade mal 2 Jahre alt, aber wegen dem Rheumatismus kann ich auch nicht mehr so wie früher.

## Ursache oder Wirkung?

Meine Frau stand aus dem Bett auf und fiel direkt in die Scheibe der Balkontür. Vorher war sie bei einem ähnlichen Versuch auf zu stehen mit dem Kopf gegen den Heizkörper gefallen.

## Unachtsamkeit mit Folgen:

Ich wollte meiner Frau noch nachrufen, beugte mich schwungvoll aus dem Fenster, und als alles in Scherben lag, merkte ich, dass das Fenster in dem Moment geschlossen gewesen sein musste.

## Selbstlos:

Seit der Trennung von meinem Mann wurde unser Verkehr dankenswerterweise von einem bekannten Rechtsanwalt übernommen.

## Die Erben werden sich freuen:

Ich stelle den Antrag, dass Sie den Auszahlungsbetrag meiner Lebensversicherung nach meinem Ableben direkt an mich überweisen.

**Peinlich:**

Ich bin vom Beruf Schweißer. Ihr Computer hat hoffentlich unabsichtlich das „W" ausgespart.

**Mein Beileid.**

Nach dem Tod meines geliebten Gatten wurde ich unglücklicherweise Witwe.

**Treue:**

Dass ich für ihr Unternehmen so ein großes Versicherungsrisiko bin, war mir beim Abschließen der Versicherung nicht bewusst, sonst wäre ich lieber bei meiner Alten geblieben.

**Nekrophile Geschäfte?**

Beiliegend übersende ich Ihnen zwei Rechnungen, die eine von meiner Frau, die andere von der Tochter, die gestern beide eingegangen sind.

Der Nebel war leider so dicht, dass ich das Geschwindigkeitsbegrenzungsschild nicht sehen konnte.

**Dein Freund und Helfer:**

Der Hergang wurde von der Polizei genauestens rekonstruiert, wobei meine Unschuld an Ort und Stelle von den Polizeiorganen bestätigt wurde.

**Beweismaterial:**

Die beiden Fensterscheiben sind kaputt gegangen, ich sende Ihnen mit dem Schreiben einen Splitter, dass Sie sich überzeugen können, dass Sie kaputt sind, denn sonst wären Sie ja unbeschädigt.

**Manche können nicht genug kriegen:**

Ich finde den Prozentsatz der Behinderung zu geringfügig und stelle daher den Antrag, meine Behinderung rückwirkend und künftig zu erhöhen.

**Mal schaun ...**

Ich teile Ihnen hiermit mit, dass ich letzte Woche geheiratet habe. Ich bin aber der Überzeugung, dass das keinen Einfluss auf die Höhe der Risikostufe meiner Lebensversicherung hat.

**Wie soll denn das gehen?**

Ich ersuche Sie um die Rückerstattung Ihres Aktes mit meinem Sohn.

**Reges Verkehrsaufkommen:**

An der Kreuzung hatte ich einen unvorhergesehenen Anfall von Farbenblindheit.

Mit Höchsttempo innerhalb der gesetzlichen Vorschrift kollidierte ich mit einer unvorschrifts-mäßigen Frau entgegen der anderen Richtung.

**Orientierungslos:**

Ich muss von der Straße abgekommen sein, überschlug mich mehrmals. Nach dem ich meine Bewusstlosigkeit wieder fand, sah ich neugierige Kühe, die das ganze aus sicherer Entfernung beobachtet hatten.

Der Passant rannte in mich hinein und da ich darauf bremste überfuhr ich ihn.

Ich hatte den alten Mann schon längere Zeit beobachtet. Bevor ich ihn noch überfuhr, dachte ich mir

schon, dass er so gebrechlich wie er war, die Straße wohl niemals überqueren könne.

**Damit war aber schon zu rechnen.**

Nachdem ich fast 50 Jahre mit dem Auto gefahren war, schlief ich unerwartet beim Fahren plötzlich ein.

**Vorsicht ist die Mutter der Porzellankiste.**

Ein unvorsichtiges Fahrzeug kam unsichtbar für mich aus dem Nichts, prallte in meine linke Seite und verschwand danach schnellstens.

**Vision:**

Ich sah ein trauriges Gesicht langsam an der Scheibe vorbeigleiten, dann machte es einen Rumpler und ich merkte, dass ich wohl einen Mann zusammengefahren haben musste.

## Vorbildlich!

Ich bin bist jetzt vor meinem ersten Unfall aber auch nach meinem letzten stets unfallfrei gefahren.

Es gab keinen Ausweg mehr und so prallte ich in die Steinmauer und wurde unbewusst, dann war es wohl aus mit meiner Gesinnung.

Sie können sich bei meiner Reaktionsfähigkeit bedanken. Denn ich hatte schon eine ganze Weile zuvor erkannt, dass das Bremsen kein Sinn mehr hatte, wich dem vor mir in der Kreuzung stehen Auto daher geistesgegenwärtig aus, um besser in ein am Straßenrand parkendes seitlich hineinzufahren. Dadurch konnte wohl ein größerer Schaden vermindert werden.

## Ein Physikgenie:

Mein Auto fuhr einfach gerade aus, was in einer Kurve automatisch zum Verlassen der Straße führt.

**Hasenohren:**

Ich hörte, dass die Polizei hinter mir mit Blaulicht fuhr, daher bremste ich so stark ab wie ich konnte. Da ich dies zuvor noch niemals getan hatte, konnte ich nicht wissen, dass das Polizeiauto hinten auf mich auffahren musste.

**Da kommt Freude auf:**

Die Polizisten, die den Unfall aufgenommen hatten, bekamen von meiner Lebensgefährtin alles ausführlich gezeigt.

Unsere Katze sprang in den brennenden Weihnachtsbaum und sofort stand er in Flammen. Mein Mann konnte aber nicht gleich mit dem Löschen anfangen, da er die ganze Zeit verzweifelt nach der Versicherungspolizze gesucht hatte.

Nach dem unglücklichen Unfall schwebt meine Frau noch immer in Lebensgefahr, denn sie wird ohne ihres Wissens im Krankenhaus stationär behandelt.

## Ein umfangreicher Akt.

Die Unfallszeugen sind diesem Schreiben beigefügt.

Ich war bei dem Unfall nicht zugegen, aber mein Mann hat mich gebeten, das Malheur aus meiner objektiven Betrachtung zu beschreiben.

Das andere Auto fuhr mal links, dann rechts, dann wieder links und darauf auf der anderen Straßen-seite, bis ich endlich mit ihm zusammenstoßen konnte.

Trotz Überschlagens und mehrmaligen Bremsens holte ich das Auto vor mir unabsichtlich ein, ein neuer-licher Aufprall beschädigte dann seine Rückseite.

Ich hatte zwar etwas bemerkt, doch nichts gesehen. Daher fuhr ich einfach weiter und sah nur einen Schatten, den ich mit meinem Auto gerade umfuhr.

Nach dem Unfall verspürte ich starke Kopf-schmerzen und eben so am linken Knie.

Bitte stellen Sie eine neue Versicherungspolizze aus und führen Sie meine Frau bei der richtigen Stelle ein, denn sie soll auch ausreichend von Ihrem Service profitieren.

Ich überschlug mich mehrmals seitwärts, um den Zusammenstoß mit einem entgegenkommenden Fahrzeug zu verhindern.

**Rüstig:**

Ich bin 72, meine Frau ist 69 Jahre alt, wir haben acht Kinder und tun unsere Pflicht noch heute. Aber bei dem Schnee und der Kälte ist es uns ohne Anti-Rutschklammern leider nicht mehr möglich.

Mein Mann macht keine Geschäfte mehr, selbst wenn ihm wiedereinmal eines gelingt, dann ist das auch nur ein Tropfen auf den heißen Stein.

Mein Mann ist zur Beobachtung im Krankenhaus vom Motorrad gestürzt!

## Äußerst konsequent!

Ich schreibe Ihnen heute das erste und gleichzeitig das letzte Mal. Wenn dann auf Ihrer Seite nichts unternommen wird, schreibe ich gleich wieder.

Ich überfuhr einen Mann. Er gab seine Schuld gleich zu, weil ihm dieses schon einmal passiert war.

Ein unsichtbares Auto tauchte aus dem Nichts auf, streifte meinen Wagen und verschwand wieder!

Seit zwei Jahren war ich mit meinem Knie nicht mehr in ärztlicher Behandlung, darum bitte ich Sie, mein linkes Knie mit in die Versicherung aufzunehmen!
Das andere Auto rammte mich, ohne vorher seine Absicht kundzutun!

Der alte Knabe konnte sich nicht entscheiden in welche Richtung er gehen wollte, also überrollte ich ihn!

Ein Fußgänger rammte mich – und verschwand wortlos unter dem Wagen!

Ich bin schwerkrank gewesen und zweimal fast gestorben. Da können Sie mir doch wenigstens das halbe Sterbegeld auszahlen!

Ich teile Ihnen mit, dass die Zusendungen der Rechnungen meinerseits noch einige Wochen dauern wird, da ich sie im Moment noch nicht alle beisammen habe!

Infolge Umzugs, habe ich mich verkleinert!

Bitte lassen Sie es mich wissen, wenn Sie dieses Schreiben nicht erhalten haben!

**Arztbericht:**

Am Morgen des 9. Oktobers wurde ich zu einem dringenden Hausbesuch aufgefordert – der Patient war sofort tot!

Muss ich erst meinen Mann umbringen, bevor ich das Geld bekomme?

Meine Frau ist auf genaue Anordnung von Dr. Martin gestorben!

Der bedauerlicherweise tödlich verun-glükkte Herr F. hat selbst Ansprüche bisher nicht geltend gemacht!

Ich beurteilte eine Dame, die die Strasse überquerte, falsch!

Der Mopedfahrer, der am Tatort alles miterlebte, hatte der Fahrerin meines PKW's aufrichtig erklärt, dass er seiner Zeugungspflicht nachkommen werde!

Unglücklicherweise überfuhr ich einen Fußgänger. Der alte Herr wurde ins Krankenhaus eingeliefert und bedauert dieses sehr!

Aus der anliegenden Urkunde können Sie ersehen, dass mein Mann gestorben ist, damit sein Vertrag erlischt!

Zwischenzeitlich wurde der Gehgips am rechten Arm entfernt!

Ich möchte Sie bitten, meinen Sohn zu stornieren, für sein Alter ist er einfach zu dumm!

# Stilblüten aus amtlichen Protokollen

## Also wer jetzt?

Gesucht wird der Besitzer des Hundes, der ca. 50cm groß ist und ein kurzes, rotbraunes Fell bis zum Schwanz hat.

## Ursache und Wirkung?

Obwohl der Angeklagte schon längere Zeit nachweislich nicht mehr bei seiner Frau wohnt, gibt es keine Anhaltspunkte für eine Geisteskrankheit.

## Erfolgreiche Behandlung:

Nach erfolgter ambulanter Behandlung konnte der Mann seine Hand wieder mit nach Hause nehmen.

## Gut recherchiert:

Die genauere Befragung des Filialleiters ergab, dass der Täter eine unbekannte Summe von Münzen aller

Art, 100 und 500 Schilling-Scheinen mitgenommen hatte. Der Gesamtwert des gestohlenen Geldbetrages beträgt 2855,20 Schilling.

**Horror:**

Herr Schnitzel ist seit 14 Jahren bei der örtlichen Fleischhauerei beschäftigt, wo er für das Zerteilen, Filettieren und gelegentlich für das Bedienen der Kunden verantwortlich ist.

**G´schmackig:**

Nachdem der Polizei-Oberwachmeister Rudolf B. zu dem Geschehen hinzukam wurde Herr P. aufgefordert, sein anstößiges Verhalten umgehend zu unterlassen. Dieser antwortete daraufhin, man solle ihn am Arsch lecken. Nachdem dies passierte wurde Herr P. festgenommen. Zeugen liegen der Ausfertigung bei.

**Entschuldigung:**

Nach dem Aufbrechen der Hintertür wurde ich vom Ladeninhaber überrascht. Da er mit seinem Schimpfen und dem Herbeirufen der Polizei meine Arbeit störte, musste ich ihn leider zusammenschlagen.

**Manchmal helfen nur noch harte Maßnahmen:**
Der Angeklagte hatte eine ca. 6kg schwere Marmorstatue gepackt und schlug auf den Schlafenden so lange ein, bis er erwachte.

**Scharfsinnig!**
Die Mordkommission geht davon aus, dass die gefundenen Teile eines bisher nicht identifizierten menschlichen Körpers (Rumpf, Unterarm etc.) sind und zu einer Leiche gehören.

# Stilblüten aus Gerichtsdialogen

**Richter:** Wann ist Ihr Geburtstag?
**Angeklagter:** Am 25. Mai.
**Richter:** Welches Jahr?
**Angeklagter:** Jedes Jahr.

**Richter:** Wie alt ist der bei Ihnen wohnhafte Sohn?
**Angeklagte:** 39 oder 34, ich weiß nicht genau, weil ich's immer verwechsle.
**Richter:** Wie lange lebt er schon bei Ihnen?
**Angeklagte:** 47 Jahre.

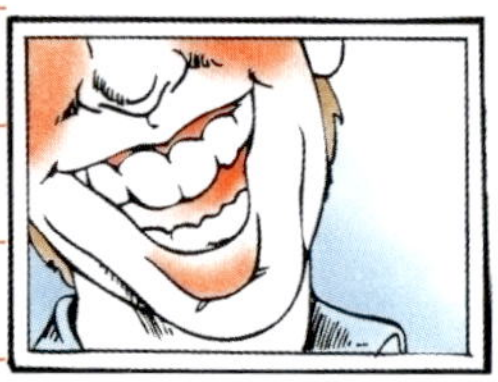

**Eine gut überlegte Anfrage der Anklage:** Waren Sie anwesend, als das Foto von Ihnen gemacht wurde?

**Kreuzverhör:**

**Anklage:** Erinnern Sie sich noch an den genauen Zeitpunkte der durchgeführten Autopsie?

**Gerichtsarzt:** 27. Juli 1991, ca. 10.15.

**Anklage:** War Herr Miller zu diesem Zeitpunkt schon tot?

**Gerichtsarzt:** Nein, er saß auf der Arbeitsfläche, rauchte eine Zigarette und war ziemlich verwundert, als ich das Skalpell auf ihn richtete.

**Verteidiger:** Haben Sie alle lebenserhaltenden Funktionen überprüft? Atmung, Puls, Reflextest?

**Gerichtsarzt:** Nein.

**Verteidiger:** Sie haben sich also nicht überzeugt, ob Herr Miller zum Zeitpunkt der Autopsie noch am Leben war?

**Gerichtsarzt:** Nein.

**Anklage:** Wie konnten Sie dann sicher sein, dass Herr Miller bereits verstorben war?

**Gerichtsarzt:** Sein Kopf war gespalten und das Gehirn lag neben dem Leichnam auf einem Metallteller.

**Anklage:** Hätte der Patient nicht trotzdem am Leben sein können?

**Gerichtsarzt:** Ja, möglich, dass er noch lebte und irgendwo als Anwalt praktizierte.

**An dieser Stelle erhielt der Gerichtsarzt vom Richter einen scharfen Verweis.**

**Vergebliche Suche:**

**Anklage:** Ihre Argumente sind einfach dumm. Für so schwache Ausreden müssen Sie sich einen Dümmeren suchen, aber den, das können Sie mir glauben, werden Sie kaum finden.

**Zeugenaussagen:**

Bei dem Zusammenstoß wurde mein Hinterteil so stark beschädigt, dass ich abgeschleppt werden musste.

Ich hatte noch nie einen Unfall, weil ich beim Verkehr immer ganz genau aufpasse.

## Protokollverlesung:

Bei dem Unfall mit dem Streifenwagen wurde ein Polizist verletzt. An diesem entstand ein Sachschaden in der Höhe von ca. DM 5.000,-.

Der Kommandant Hödlmoser erbrach in Folge seines Verhörs eine Fülle überraschender Details.

## Dumme Frage - g´scheite Antwort:

Bei meinem nächtlichen Rundgang im Beserl-Park hörte ich verdächtige, mir allzu gut bekannte Geräusche. Auf meine Frage: „Bumst da einer?", antwortete eine unbekannte Stimme aus der Dunkelheit: „Nein, du Spanner, zwei!".

**Anmerkung des Autors:**

Die folgenden Stilblüten habe ich in Jahrzehnten aus vielen Radio und Fernsehsendungen gesammelt. Einige haben mir Kollegen überliefert, andere habe ich im Internet gefunden. Manchmal sind die Aussagen aus dem Zusammenhang gerissen. Aber sie sollen zeigen, dass auch in meinem Gewerbe nur Menschen am Werken sind. Ich will mich gewiss über niemanden lustig machen. Dazu hätte ich beim Kehren vor meiner Türe gar keine Zeit. Die Urheber mancher witziger Aussagen sind nicht bekannt und können nicht recherchiert werden. Wenn sich ein Kollege hier niedergeschrieben findet, so sei allen gesammelten Stilblüten ein „wohltätiger" Zweck gemein. Sie dienen der edlen Absicht - der Unterhaltung des Lesers, die ja auch unsere Zuschauer sind.

# Stilblüten aus TV und Radio

**Aufruf bei einer großen deutschen Talkshow ans Publikum zuhause:**

Telefonieren Sie mit uns oder rufen Sie uns an!

**Das Leben ist ja so schön:**

In Florida könnte ich Tag und Nacht in der Sonne liegen.

**Bier ist Bier, Schnaps ist Schnaps:**

Das trenne ich ganz konsequent: Beruf und Job.

**Verona Feldbusch:**

Du hast deine Kinder auch relativ schnell hintereinander bekommen. Es waren, wenn ich mich richtig erinnere, nur zwei Monate dazwischen.

Er reißt offene Türen ein.

**Das kann sicher nur von einem Politiker stammen:**

Ich verspreche nichts, was ich auch halten kann.

**Zitat aus einer Geschichts-Doku:**

Selbst ältere Zuschauer werden sich nicht mehr an das 13. Jahrhundert erinnern.

**Perfekte Zielgruppen-Analyse:**

Meine Leserinnen sind meistens Frauen.

**Rettet die Natur!**

Viele reden vom Umweltschutz, manche tun auch was dagegen.

**Wohltätigkeit:**

Die Mönche dachten nicht nur an das eigene Wohlergehen, sondern auch an das ihrer Nachkommen.

**Ein führender deutscher Politiker:**

Und in der Realität gibt's das auch in Wirklichkeit.

Die erste Frau am Steuer – Männer vergessen das manchmal – war eine Frau! ?

Hunde dürfen hier nur zu bestimmten Zeiten bellen. Das gilt übrigens auch für Vögel.

Bademode kann man auch im Hallenbad tragen.

Es herrscht Nebel mit Sichtweiten unter 50 Meter. Also Hände weg vom Gaspedal!

Kunde ist der König schon lange nicht mehr.

Wohin das Auge blickt – nichts zu hören! ?

Abwasser ist ein Thema, das unbedingt der Klärung bedarf.

Wer heute auf die Straßenbahn wartet, steht vergeblich an der Bushaltestelle.

Die Regenfälle lassen zunehmend nach.

**Arbeitsteilung:**

Mein Verstand sagt „Ja", aber mein Kopf sagt „Nein".

Die würden nie was sagen, die haben absolutes Schweigeverbot.

Seit wann weißt du, dass du einen leiblichen Vater hast?

Ich kann's von hier aus nicht sehen, aber es sieht nicht gut aus!

Die Kastelruther Spatzen schaffen es, ganz allein die Bühne voll zu machen.

Meine Tochter ist jetzt 3 Monate und 4 Wochen alt.

Wir beschäftigen rund 200 Menschen und rund 200 Personen.

## Aufklärungsnotstand:

Ich habe gehört, du sorgst auch für Nachwuchs – wie machst du das?

## Jungbrunnen:

Älter zu werden ist die einzige Chance, länger zu leben.

Sie sagen der Schlangenbiss war tödlich. Wie tödlich?

Queen Mum ist tot. Das beliebteste Mitglied der königlichen Familie starb im Alter von 1001 Jahren im Beisein ihrer Tochter Queen Elisabeth.

Sie hören nun ... von Georg Friedrich Händel. – Es dirigiert ... der Komponist!

Der Pilot war sofort tot. Verletzt wurde bei dem Unglück jedoch niemand.

Da steht es – für alle, die nicht lesen können.

**Dieter Thomas Heck:** „Sie sind eine wunderbare Frau!"

**Angelika Milster:** „Danke, gleichfalls!"

Tanja und ich werden Papa.

Die Sonnenfinsternis bringt Dinge ans Licht, die sonst verborgen bleiben. **(„Zeit im Bild" / ORF 2)**

Solche Berge gibt es nur in den Bergen.

Es kann in die Hose gehen, aber es kann natürlich auch schief gehen.

Ich habe es nur aus den Augenwinkeln gehört.

Heute Nacht keine weitere Bevölkerungszunahme.

Der Lustdruck ist weiterhin fallend.

Das Wetter ist weiterhin schwachsinnig.

Verkehrsmeldungen über Polizeistörungen liegen nicht vor.

**Wildtier-Doku im TV:**

Man sieht sie nicht, man hört sie nur – die lautlosen Jäger der Nacht.

Kann ich das nochmal in Zeitlupe hören?

Zunächst aber müssen wir noch einmal auf die nächste Woche zurückblicken!

Ich habe den Topf auf den Deckel gefunden!

Halten Sie die Luft an, und vergessen Sie das Atmen nicht!

**Patrick Lindner:**

Es folgten unzählige Fernsehauftritte. Ich glaube man kann sie gar nicht mehr zählen!

Ich grüße meine Mama, meinen Papa und ganz besonders meine Eltern!

Das rächt sich wie das Amen in der Kirche.

**Helmut Kohl:**

Ich bejahe diese Frage rundherum mit ja.

Es sind ja gar nicht die Raser, die so schnell fahren.

**Von dem US-Schauspieler George Burns stammen eine Reihe herrlicher Sätze, die er in seinen Moderationen brachte, als er fast 80 Jahre alt war und immer noch auf der Bühne stand:**

Viele meiner Kollegen bekommen für ihre Leistungen „standing ovations". In meinem Alter gibt es „ovations" schon für „standing".

Ein Reporter hat mich gefragt, ob ich Country songs kenne. Was sollte das? Ich bin älter als die meisten Countries.

**Die Landeshauptfrau wird in der Provinz Mugla Gouverneurin genannt. Eine gebildete Frau, die ausgezeichnet deutsch spricht und die berühmte österreichische Schule in Istanbul besucht hat. Ein hoher österreichischer Funktionär begann seine offizielle Ansprache mit:**

Sehr geehrte Gouvernante ...

**Kollege Heuberger zeigte während einer Autofahrt aus dem Fenster und erklärte seinen Gästen:**

Hier ist Waldeggers Rossheimat ...

**Thomas Gottschalk:**

Ich hab hier ein Ergebnis aus Wimbledon. Steffi Graf gegen Gabriela Sabatini 6:0, 6:0. Ist das gut für die Steffi ? Ich verstehe nichts vom Tennis ...

**Quizmaster Günther Tolar zu einer jungen, attraktiven Kandidatin :**

Ist das Ihre erste Schändung?

**Eine Kulturmoderatorin bewies, dass sie wirklich keine Ahnung von Fußball hatte. Ihr wurde in einer Livesendung eine Nachricht auf den Tisch gelegt. Der Grazer Athletikklub (GAK) hatte den Salzburger Athletikklub (SAK) 3 : 2 geschlagen:**

Soeben erhalte ich ein Fußballergebnis. GACK gegen SACK drei dividiert durch zwei.

**Ein deutscher Bundespräsident eröffnet eine Ansprache in Afrika mit :**

Ladys and Gentlemen, dear Negroes! – Meine Damen und Herren, liebe Neger ...

**Er blieb auch in der weiteren Rede dabei.**

„Seniorenreisen" beförderten an die 30.000 Pensionisten zu einem Urlaub in die Türkei nach Mamaris. Ich war als Moderator dabei.

**Gehört im ORF:**

Wir übertragen den Damen-Riesentorlauf der Herren.

**Der Pensionist Herr Todt aus Baden eröffnete eine Ansprache mit:**

... ich bin jetzt seit 46 Jahren in Pension ...

**Wer von Ihnen arbeitet schon so lange?**

**Bei meiner „Wunschsendung" „Wurlitzer" führte ich dieses Telefongespräch:**

Ich: „Kennen Sie die Sendung ?"

„Nein..."

Ich: „Wissen Sie, welche Lieder in diesem Automaten gespeichert sind?"

„Nein ..."

Ich: „Na gut, ich helfe Ihnen ...
Was wollen Sie hören?"

„C 8!"

## Zitate aus Kochsendungen:

Es schmeckt so ein bisschen nach meiner Großmutter, das ist das Schöne daran.

Mit vollem Mund isst man nicht.

Dies ist eine Geflügelbrühe. Man kann aber genauso-gut eine Hühnerbrühe nehmen.

Jetzt müssen wir nur noch das Eigelb vom Dotter trennen.

Der Tee schmeckt eigentlich nach gar nichts, ist aber trotzdem sehr gut.

Nicht, dass du glaubst, du kommst hier ungegessen aus dem Studio.

Beim Backen muss man nach Rezept kochen.

Ihr Fleisch hat geklingelt.

Meine Brüstchen nehmen schon langsam Farbe an.

Das Wetter bleibt sonnig. Schön für die Wirte, die im Sommer ihre Geschäfte draußen machen.

Das ist ein schnelles Gericht - abgesehen von der Zubereitung.

Das ist lecker - wie übrigens alles, was gut schmekkt.

Ich esse am liebsten Geflügel wie Hühnchen oder Kaninchen.

Duften tut es, aber das können Sie zu Hause nicht hören.

Im Kühlschrank wird es dann eineinhalb Stunden gebacken, bei 180 Grad.

Für unsere Spätzle-Pizza verwenden wir natürlich deutschen Käse - z.B.: Gouda oder Emmentaler.

## Zitate aus Sportsendungen:

**Ernst Happel:**

Jede Spiel hat zwei Halbzeiten: Eine erste und eine zweite.

**Eine eindrucksvolle Aussage, die gerne Hans Krankl zugeschoben wird:**

Wir müssen gewinnen. Alles andere ist primär. ?

Sportler sterben gesünder.

**Das Credo hoffnungsloser Aufsteiger:**

Wer keine Tore schießt, gewinnt selten hoch.

**Österreichische Formel 1-Legende:**

Der Kurs in Budapest ist fast wie Monte Carlo, nur ohne Monte Carlo.

Erst hatten sie kein Glück, dann kam auch noch Pech dazu!

**Damen-Slalom:**

Ein Kurs, der ihr auf den Leib geschrieben ist – flach von oben bis unten.

**Bericht von einem Fußballspiel:**

Es war so leise im Stadion, dass man die berühmte Stecknadel im Heu suchen könnte. ?

Von den österreichischen Skifahrern sind vier unter den ersten drei.

**Bekannter Fußbalstar auf die Frage, wo das nächste Länderspiel stattfindet:**

Mailand oder Madrid – Hauptsache Italien!

Ich hatte vom Feeling her ein gutes Gefühl.

Jeder Sieg, den man verliert, ist einfach furchtbar!

Polo ist eine schwierige Sportart. Prinz Charles hat sich dabei schon so manchen Arm gebrochen.

Marion Hughes ist eine sehr erfahrene Reiterin. Sie stammt aus einer Pferdefamilie.

Die Medaillen sind vergeben, wer sie bekommt, ist offen.

Wichtig sind besonders die Beine; denn damit läuft das Pferd.

**Kommentar zu dem Fußball-Chancen einer deutschen Mannschaft:**

Im nächsten Spiel haben wir keine Chance, aber die werden wir nutzen!

Wir haben jetzt klare Verhältnisse, aber wir wissen noch nicht welche.

Man soll nicht alles so hochsterilisieren.

Je länger das Spiel dauert, desto weniger Zeit bleibt.

Ich glaube, dass der Tabellenerste jederzeit den Spitzenreiter schlagen kann.

**Motto einer erfolgslosen Nationalmannschaft?**
Wir spielen am Besten,
wenn der Gegner nicht da ist.

**Aussage einer dt. Fußball-Legende:**
Berkant Göktan ist erst siebzehn. Wenn er Glück hat, wird er nächsten Monat achtzehn.

Ich habe in einem Jahr 15 Monate durchgespielt!

Zwei Chancen, ein Tor – das nenne ich hundertprozentige Chancenauswertung.

Ab 14 Uhr übertragen wir den Riesendamenslalom.

Respekt vor Steffi Graf, die den größten Teil ihrer Karriere dem Sport opferte!

**Kann man noch mehr von einem Spitzensportler erwarten?**

Endlich einer, der auch mal mit den Füßen denkt!

**Appell an starke Raucher:**

Wenn Sie das Spiel bisher atemberaubend fanden, dann haben sie es an den Bronchien!

Natürlich muss das Finale als letztes Spiel eines Weltmeisterschaftsturniers gesehen werden.

Wir müssen das Spiel sicher noch einmal Paroli laufen lassen.

**Der beste Weg zur Besserung:**

Ich bin sehr selbstkritisch, vor allem mir gegenüber.

Im Großen und Ganzen war es ein Spiel, das, wenn

es anders läuft, auch anders hätte ausgehen können.

Man hetzt die Leute auf mit Tatsachen, die nicht der Wahrheit entsprechen.

Zuerst hatten wir kein Glück, und dann kam auch noch Pech dazu.

## Formel 1-Zitate von TV-Moderator Heinz Prüller:

Wenn man den Rhythmus nicht sofort hat, findet man den nimmer wieder.

Die Strecke verläuft relativ sehr sehr wegig.

**Bei einer Live-Übertragung fällt der Ton aus:** Tut mir leid, liebe Formel 1 Fans, wenn Sie die Fahrt von Michael Schumacher nicht hören konnten.

... Geschwindigkeiten plus minus 350 km/h.

**Interessante Innovationen:**

Im Training wurden sechs Vierradautos probiert.

Der Ferrari mit relativ sehr sehr flach gestellten Heckflügeln ...

An ein Weiterfahren mit Motorschaden ist nicht zu denken.

... blieb deutlich unter, oder über der Trainingsbestzeit...

**Durchblick!**

Coulthardt bremst mit dem linken Fuß, das können Sie zwar nicht sehen ...

**Da hilft nur noch der Frisör:**

Gerhard Berger ist während der 2 Stunden eines GP immer der Bart gewachsen.

Der Wind kommt immer in verschiedenen Höhen.

Schauen Sie, was da passiert ist, oder was da passiert hätte können!

**Hochnäsigkeit führt nicht zum Ziel:**

Die Nase wurde um 1 cm gesenkt, das haben wir sehr deutlich gesehen.

Es gibt sehr sehr gekrümmte Geraden.

**Heimvorteil:**

Barichello ist hier aufgewachsen, direkt hinter der Haupttribüne ...

Wettergrandprixspezialisten

Wagenwechsel wäre heute, Freitag sowieso verboten, also nicht erlaubt.

## Einige Super-Sprüche von Harald Schmidt

**Kaum eine Zeitung kam ohne die „Sager" von Harald Schmidt aus. Da war ein ganzes Team von „Wuchtelproduzenten" an der Arbeit. Aber das Geschriebene auch erfolgreich rüber zu bringen, ist die Leistung des Harald gewesen. Seine Sprüche sollen auch bei den „Lachblüten" nicht fehlen.**

Arnold Schwarzenegger ist neuer Gouverneur von Kalifornien. Was George Bush dabei am meisten beeindruckt: Schwarzenegger hat nicht nur die Wahl gewonnen, sondern bekam auch die meisten Stimmen.

Michael Jackson wird 38.
Zumindest Teile von ihm.

Die Rolling Stones. Das ist die Band, wo die Kinder hinterher ihre Eltern abholen.

Taxifahrer sind die Karrieretypen unter den Germanisten.

Schwarzfahren wird teurer. D.h., wenn man nicht erwischt wird, spart man noch mehr.

Unsere Schüler sind noch blöder als die Lehrer, aber die Lehrer holen auf.

Seit 1989 gibt es zum ersten Mal wieder ansteigende Geburtsraten. Ich habe mir gedacht: Ist Udo Jürgens wieder auf Tournee?

Ärzte haben festgestellt: Ein Glas Wein am Tag ist die beste Medizin überhaupt. Man nennt das auch Schluckimpfung.

Lokomotivführer sind die besten Liebhaber, denn sie kommen nie zu früh.

Wie nennt man ein stark transpirierendes Hausmädchen? - Schweißperle.

Schnarchen macht impotent - das heißt:
Wer schnarcht, sägt am eigenen Ast!

Für viele Männer ist Autofahren wie Sex: Die Frau sitz teilnahmslos daneben und ruft immer: „Nicht so schnell, nicht so schnell!"

Thomas Muster soll etwas mit Fergie haben. Der Grund, warum er so auf sie abfährt, ist: Er spielt einfach gerne auf roter Unterlage.

Liebe Models: Kochen, das bedeutet mehr als nur einen Löffel über der Kerze heiß zu machen!

Hot Pants heißt: Arsch frisst Hose. Manchmal sind die Dinger so kurz, dass Frauen sich nicht hinsetzten können. Manchmal sind sie sogar so kurz, das Männer nicht mehr aufstehen können!

# Gedanken berühmter Frauen über Männer

Fast jede Frau wäre gerne treu. Schwierig ist es bloss, den Mann zu finden dem man treu sein kann.

**Marlene Dietrich**

Es ist eine Schwäche der Männer, Frauen gegenüber stark erscheinen zu wollen.

**Hildegard Knef**

Der schönste Mann der Welt taugt nichts, wenn er keinen Sinn für Humor hat.

**Madonna**

Die Männer halten sich für das starke Geschlecht, weil die Frauen aus ästhetischen Gründen darauf verzichtet haben, Muskeln zu entwickeln.

**Françoise Sagan**

Die Schönheit brauchen wir Frauen, damit die Männer uns lieben; die Dummheit, damit wir die Männer lieben.

**Coco Chanel**

Frauen geben Fehler leichter zu als Männer. Deshalb sieht es so aus als machten sie mehr.

**Gina Lollobrigida**

Die meisten Männer brauchen mehr Liebe als sie verdienen.

**Marie von Ebner-Eschenbach**

Wenn Frauen unergründlich scheinen, dann liegt das am fehlenden Tiefgang der Männer.

**Katherine Hepburn**

Frauen lieben die einfachen Dinge des Lebens - beispielsweise Männer.

**Farah Fawcet**

Wenn es darauf ankommt, in den Augen einer Frau zu lesen, sind die meisten Männer Analphabeten.

**Heidelinde Weis**

Die meisten Frauen setzen alles daran einen Mann zu ändern; und wenn sie ihn geändert haben, mögen sie ihn nicht mehr.

**Marlene Dietrich**

## Gedanken berühmter Männer über Frauen

Es ist ein Irrtum, anzunehmen, Frauen machten sich schön, um anderen Männern zu gefallen; sie tun es, um andere Frauen zu ärgern.

**Marcel Ayme**

Frauen, die jede Modeschöpfung zuerst tragen wollen, sind meistens jene, die es bleiben lassen sollten.

**Yves Saint-Laurent**

Wenigstens in einem Punkt sind sich Männer und Frauen einig: Beide misstrauen den Frauen.

**Jean Genet**

Frauen lügen nie. Sie erfinden höchstens die Wahrheit, die sie gerade brauchen.

**Yves Montand**

Eine Frau holt gerne den Rat ihres Mannes ein – schon deshalb, um ihn nicht zu befolgen.

**Arthur Schnitzler**

Niemand, ob tot oder lebendig, in Meditation oder Hypnose, ist so tief in sich versunken wie eine Frau, die sich das Gesicht eincremt.

**Ephraim Kishon**

Es ist absolut sinnlos, die Frauen verstehen zu wollen, wo doch ihr grösster Reiz in der Unergründlichkeit liegt.

**Alfred Hitchcock**

Eine Frau verzeiht alles – aber sie erinnert uns oft daran, dass sie uns verziehen hat.

**Karlheinz Böhm**

Die Frauen verschwinden im Augenblick, da wir sie sicher zu halten meinen.

**Jean Giraudoux**

Frauen, die lange ein Auge zudrücken, tun es am Ende nur noch um zu zielen.

**Humphrey Bogart**

# Stilblüten aus Zeitungen

Wer sich vor der Ehe scheiden lässt, behält den bis dahin erworbenen Anspruch auf Unterhalt Dritter.

Lesbische und schwule Paare können seit letztem Donnerstag in Dänemark heiraten. Allerdings dürfen sie keine Kinder kriegen.

**Inserate:**

Reinrassige Mischlingshunde günstig abzugeben!

Älterer Herr, gepflegt und von alter Schule, sucht eine attraktive, gebildete Dame ab 40, die seinem einsamen Leben ein Ende macht. Zuschriften an Chiffre ...

**In einer Ärztezeitschrift:**

Der plötzliche Herztot wird in der klassischen Risikogruppe meist zu spät behandelt.

BSE: Notgeschlachtete Rinder dürfen die Landesgrenzen nicht lebend verlassen.

BSE ist jetzt in aller Munde.

Rakete verfehlte Atomkraftwerk. Sachverständige rätseln: Wie konnte das passieren?

Selbstmord überlebt.

Während des heftigen Stoß-Verkehrs ist unter allen Beteiligten besondere Vorsichtsnahme notwendig, passive Fahrweise ist z.B. eine der wichtigsten Präsentivmaßnahmen.

Fünf Kosovo-Albaner nach tödlicher Verfolgung eiskalt abgeschoben. ?

Die Mahlzeiten sind saftig und pikant, ohne Eigengeschmack.

**Alzheimer.**

Bald können Sie die Angst davor vergessen.

Fünf Verletzte
bei Unfall verletzt.

**Inserat:**

Koch mit Kochkenntnissen gesucht.

**John Glenn verblüfft die Ärzte.**

Der älteste Mann im All ist trotz aller wissenschaftlichen Untersuchungen topfit.

Auch Mordopfer gegen Todesstrafe.

Heutige Babys können
100 Jahre alt werden.

**Polizei ratlos.**

Mordopfer verließ den Tatort.

Auto prallt
gegen Baum - tot!

Neues Wildgehege
für Wanderer

Uran-Unfall in Japan spaltet Experten in Deutschland

18-jährige verletzt.
Reh entkam unerkannt.

Prognosen sind immer dann besonders schwierig, wenn sie sich auf die Zukunft beziehen.

Abfahrt der Züge im Allgemeinen ca. 10 Min. vor Ankunft.

Die Allerseelenmesse ist für alle Verstorbenen aus unserer Kirchengemeinde. Die Verstorbenen können sich in die Liste am Ausgang der Kirche eintragen oder sich im Pfarrbüro oder in der Sakristei melden.

Ein Zwei-Augen-Gespräch zwischen Minister Bartenstein und Kanzler Schüssel.

Pressen Sie bei jedem Wasserlassen den Harnstrom verstärkt heraus und stoppen Sie ihn zwischendurch mehrmals ab. Das stärkt den Beckenboden. Diese Übung können Sie überall und unbemerkt machen.

Empörte Bauern trieben Schweine vor den Bundestag. Landwirtschaftsminister Borchert sprach mit ihnen.

Alle Todesfälle traten mehr als zwei Wochen nach Therapiebeginn auf. Voraussetzungen dieser erfreulichen Ergebnisse waren eine adäquate Einweisung und eine sorgfältige Überwachung der Patienten sowie ein unmittelbarer Kontakt zu Ärzten im Notfall. ?

Nachdem die Polizei noch am Sonntag mitgeteilt hatte, die Leiche des etwa 30jährigen Mannes weise keinerlei Spuren von Gewaltanwendung auf, sagte der ermittelnde Staatsanwalt gestern, man habe lediglich festgestellt, dass dem Toten sowohl Kopf als auch beide Hände abgeschnitten worden seien.

Die Hits „Der Kommissar" und „Rock me Amadeus" galten schon als Pop-Legenden, als Hans Hölzel alias Falco noch lebte. Jedoch rutschte der Wiener Sänger Ende der achtziger Jahre in ein Karrieretief, aus dem er erst nach seinem tödlichen Autounfall in der Dominikanischen Republik herauskam.

Temperaturen von 30 Grad und kein Regen. Der Naturschutzbund gibt Tipps für den richtigen Umgang mit Wasser im Garten: Stellen Sie eine Regentonne auf.

Schneller, betrunkener und gefährlicher als die Polizei raste ein Autofahrer erst durch Untersiebenbrunn, dann durch Obersiebenbrunn und dann dort in einen Teich.

Rund zwei Drittel der beteiligten Frauen waren weiblichen Geschlechts.

Bisher ist noch nicht erwiesen, dass Kinderlosigkeit vererblich sein könnte.

Häftlinge warten auf den Tag der Offenen Tür.

Bäume statt Autos - dieser Alptraum gehört jetzt der Vergangenheit an.

# Lachblüten aus dem Internet

Vor diesem Abschnitt bedanke ich mich bei Peter Koller und seinen Fiakern. Die waren mir behilflich „The Best of Internet" zu durchforsten. Das Angebot ist so ungeheuer groß, dass man alleine die Übersicht verlieren würde. Es gibt lustige Sprüche, Witze, Anekdoten, einfach alles. Ein herzliches Dankeschön an alle fleißigen, humorvollen und kreativen Menschen, die Tag für Tag das Net füttern. Jetzt aber einige der witzigsten Funde aus dem Internet ...

## Ausländisch für Anfänger:

(Beim Lesen auf die richtige Betonung achten!)

| | |
|---|---|
| **Ahallabadohnedach** | Freibad |
| **Allemalachen** | Aufforderung zumLächeln beim Fotografiertwerden |
| **Arabella** | ein besonders hübscher Papagei |
| **Bagdad** | Befehl eines Bäckers an den Lehrling |
| **Ballerina** | Frau eines Revolverhelden |
| **Belgrad** | Lärmskala fur Hunde |
| **Bhagwan** | Arbeitswut eines Bäckers |
| **Bibel** | Biber auf Chinesisch |
| **Bravda** | Gehorsamsbefehl an Hunde |
| **Budapest** | ungelüftete Stube |
| **Espresso** | Arbeitsbereich der Mafia |
| **Fidel Castro** | Geigenkasten |
| **Garibaldi** | Schnellkochtopf |
| **Gebet** | Aufforderung zum Schlafengehen |

| | |
|---|---|
| **Heidi** | Persönlicher Gruß von Prinz Charles an Lady Di. |
| **Helsinki** | Sonnenuntergang |
| **Istanbul** | Ist da ein Polizist? |
| **Kanada** | Niemand zu Hause? |
| **Knochenmark** | Alte Bezeichnung für die deutsche Hundesteuer |
| **Leberknödel** | krankhaftes Organ |
| **Literatur** | Bierabfüllmaschine |
| **Machmahall** | arabisch für Tontechniker |
| **Moskau** | ökologisch verträglicher Bio-Kaugummi |
| **Nottingham** | Kein Schinken mehr da. |
| **Pizza** | Ital. Stadt, berühmt für ihren schiefen Turm |
| **Pomade** | Darmschmarotzer |
| **Scharlach** | Aufforderung eines Kaberttisten an sein Publikum |
| **Spektakel** | dicker Hund |
| **Taktik** | defekter Wecker |

| | |
|---|---|
| **Tangente** | veralgter Wasservogel |
| **Transistor** | langsame Nonne (engl.) |

## Die letzten Worte …

**… des Beifahrers:**

„Rechts ist's frei …"

**… eines Pilzessers:**

„Diese Art ist mir neu."

**… und des U-Boot-Matrosen:**

„Hier sollte mal gelüftet werden!"

**… des Fleischhauers:**

„Heh, du da, wirf mir mal das Messer rüber …"

**… des Gerichtsvollziehers:**

„Und die Pistole ist auch gepfändet."

**... des Briefträgers:**

„Guuuter Hund, braaaver Hund ..."

**... des Kartenspielers:**

„Komisch, ich habe auch vier Asse."

**... der Turmspringerin:**

„Ui, ist das Wasser heute schön klar ..."

**... des untreuen Ehemannes:**

„Dein Kaffee ist heute wieder das reinste Gift!"

**... des Fahrlehrers:**

„Nun versuchen Sie's mal alleine!"

**... des Chemikers:**

„Und nun der Geschmackstest."

**... des Co-Piloten:**

„Was meinst Du mit ‚Ich hab vergessen zu tanken'?"

**... des Autobastlers:**

„Das müßte halten."

**... des Steinzeitmenschen:**

„Ich frag mich, was in der Höhle ist ..."

**... des Bettnässers:**

„Mach mal die Heizdecke an ..."

**... eines Biologen:**

„Die Schlange kenn ich, die ist nicht giftig."

**... eines Politikers:**

„...und wenn ich gewählt werde, verspreche ich..."

**... eines Mannes, der im Beischlaf verstorben ist:**

... oh Gott ... ich komme ...

## Zungenbrecher

Wenn dicke Nichten
im dichten Fichtendickicht dichten,
dann dichten im dichten Fichtendickicht
dicke Nichten.

Der Whiskeymixer mixt den Whiskey für den Whiskeymixer - für den Whiskeymixer mixt der Whiskeymixer den Whiskey.

Bier-Brauer-Bauer-braut-braunes-Bier
braunes-Bier-braut-Bier-Brauer-Bauer.

Flössers'-Vroni-flog-frohlockend-vom-frostigen-Floss
vom-frostigen-Floss-flog-frohlockend-Flössers'-Vroni.

Der-Flug-Platz-Spatz-nahm-auf-dem-Blatt-Platz
auf-dem-Blatt-nahm-der-Flug-Spatz-Platz.

Bürsten mit weissen Borsten bürsten besser als
Bürsten mit schwarzen Borsten bürsten.

**Gesteigerter Schwierigkeitsgrad: Auf Chinesisch, statt „R" wird „L" gesprochen.**

Im dichten Fichtendickicht sind dicke Fichten wichtig.

Blaukraut bleibt Blaukraut
und Brautkleid bleibt Brautkleid

Es klapperten die Klapperschlangen, bis ihre Klappern schlapper klangen.

Jetzt kann man in den Waagen liegen und sich in allen Lagen wiegen.

Am zehnten zehnten zehn Uhr zehn zogen zehn zahme Ziegen zehn Zentner Zucker zum Zoo.

Zehn Ziegen ziehen zehn Zentner Zucker zum Zoo – zum Zoo ziehen zehn Ziegen zehn Zentner Zucker.

Wer gegen Aluminium minimal immun ist, besitzt Aluminiumimmunität, Aluminiumimmunität besitzt, wer minimal gegen Aluminium immun ist.

Der Metzger wetzt das Metzgermesser mit den Metzgers Wetzstein,
mit den Metzgers Wetzstein wetzt der Metzger sein Metzgermesser.

Fiesling Fietje fälscht Fritten fantastisch filigran,
fantastisch filigran fälscht Fiesling Fietje Fritten.

Messwechsel, Wachsmaske, Wachsmaske, Messwechsel.

Wenn Du Wachsmasken magst:
Max macht Wachsmasken.

Ein chinesischer Chirug schenkt tschechischen Skifreunden frischgebackene Shrimps
frischgebackene Shrimps schenkt ein chinesischer Chirug tschechischen Skifreunden.

Zwei Schweizer schwitzen beim Schweissen -
Beim Schweissen schwitzen zwei Schweizer.

Der dicke Dachdecker deckt Dir dein Dach, drum dank dem dicken Dachdecker, dass der dicke Dachdecker Dir Dein Dach deckte.

Zwanzg zqwetschte Zwetschkn und zwanzg zqwetschte Zwetschkn san viazg zgwetschte Zwetschkn.

**Übersetzung aus dem Österreichischen:**

20 zerdrückte Pflaumen + 20 zerdrückte Pflaumen = 40 zerdrückte Pflaumen

Junge jodelnde Jodler-Jungen jodeln jaulende Jodel-Jauchzer,
jaulende Jodel-Jauchzer jodeln Junge jodelnde Jodler-Jungen

Das Schleimschwein schleimt schweinisch im Schleim,
im Schleim schleimt schweinisch das Schleimschwein.

## Schüttelreime

Niemals bleibt die Liebe trocken,
wenn Dich Deine Triebe locken.

Erst muß ich noch die Füße kühlen,
dann kann ich ihre Küsse fühlen.

Oft hängt bei einem forschen Mädchen,
die Tugend nur am morschen Fädchen.

I bin a Stund g`sessn
und hab mi g`sund g`stessn.

Ob es einen Lehrer gibt,
der die Liesl Gehrer liebt?

Wenn Schüssel und der Haider packelt,
ist der der Depp dabei, der hackelt.

Im Eck sich faul der Pudel streckt,
inzwischen Oma Strudel bäckt;
sie streut noch drauf ein Näpfchen Zimt,
bevor sie ihre Zäpfchen nimmt.

Schwer muss man in der Liebe tragen
die Folgen, die am Triebe lagen.

Selbst in die fernsten Punsch-Winkeln
darf man nicht nach Wunsch pinkeln,
ist auch die Blase so klein,
muß der Ort das Klo sein!

Als wir noch in der Wiege lagen,
fuhr'n wir gern im Liegewagen,
da konnten wir im Wagen liegen
und uns in allen Lagen wiegen.

## Die Neue Deutsche Rechtschreibung und was manche Wörter jetzt bedeuten:

| | |
|---|---|
| Achterbahn | ein Zug für 8 Personen |
| Album | Explosion des ganzen Universums |
| Argwohn | Asylantenunterkunft |
| Auspuff | Bordell außerhalb der Öffnungszeiten |
| Dilemma | andere Schreibweise für „Die kleinen Schafe" |
| Einwandfrei | Wohnung mit nur 3 Wänden |
| Erdkunde | Grundstückskäufer |
| Fassade | Nie wieder saufen! |
| Feldherr | Bauer beim Mähen |
| Fiskus | hinterhältiger Kuß |
| Geistesabwesenheit | Gespenstermangel |
| Golfstrom | Deutsche Autobahn |
| Insekt | modischer Champagner |
| Minimum | ein wenig Mut |

| | |
|---|---|
| **Katastrophe** | Am Tag nach einer Sauftour von einem Dichter verfasstes Lyrikwerk. |
| **Missverständnis** | die schönste Psychologin |
| **Ohrfeige** | ein Mensch, der unter einer Ohren-Phobie leidet. |
| **Saxophon** | Bezeichnung für ein Telefon in Sachsen! |
| **Schlafrock** | Steigerung von Kuschelrock, Einschlafmusik |
| **Grüner Star** | Alexander van der Bellen, Joschka Fischer |
| **Steuerknüppel** | Waffe zur Eintreibung staatlicher Abgaben |
| **Stuhlgang** | Eine Diebesbande, die auf Raub von Sesseln spezialisiert ist! |
| **Taifun** | Lustiges Treiben in Thailand |

## Interessante Ausreden von Schwarzfahrern

Aus obig genannten Gründen - und weil ich wirklich kein gewohnheitsmäßiger Schwarzfahrer - sondern nur ein armer Würstelverkäufer bin, bitte ich Sie herzlichst meine Herren - mir diese Strafe erlassen zu wollen.

Ich habe keinen Stempelungsapparat für Fahrtberechtigungen gefunden...

Ich wollte gar nicht mit der U-Bahn fahren. Irgendwie bin ich in eine Menschenmenge geraten die mich weitergeschubst hat. Als ich dann wieder zu mir gekommen bin, war ich in der U-Bahn und der Kontrollor stand vor mir...

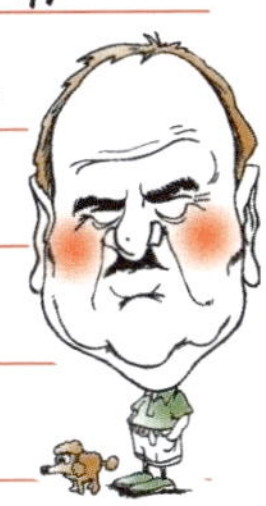

Der Hund gehörte überhaupt nicht mir, er ist mir erst während der Fahrt zugelaufen ...

Wenn mein Fahrrad einen Platten hat, ist es doch eigentlich kein „Fahr"-rad mehr, brauche ich dann trotzdem einen Fahrschein dafür...

Da ich unschuldig in Nod geraten pin, würde ich die ATS 33.685,60 gerne in Ratten zu ATS 50,00 bezallen ...
**(Anmerkung: das würde ja auch nur 56 Jahre dauern)**

Ich wurde beim Scherzfahren erwircht und bestrafft. Ich bitte drum mir eine Rattenzahlung zu vereinberen. Höchstverstandnis ...

Ich habe doch nur vergessen einen Fahrschein zu kaufen. Wenn Sie so nett wären mich in Ruhe zu lassen, wäre ich Ihnen sehr dankbar. ?

Nebenbei bemerkt, ist mir ohnehin schon alles Wurst und genau genommen können Sie mich am Arsch lekken. Aber weil ich nicht so bin, bitte ich Sie mir einen Erlagschein zu schicken.

Bite i habe enculdigung ipins yec pay karenc un main fruind sagt becal untan niks pite kanih bis 1.3.merc calen.

**(Übersetzung: Ich bitte um Entschuldigung, aber ich bin jetzt in Karenz und mein Freund sagt, er bezahle nichts. Ich bitte um Aufschub bis 1. März.)**

Bei meinem Anruf wurde mir erklärt, ich solle eine Kopie des Erlagscheines beilegen, da ich keinen Kopierer habe, zeichne ich den Erlagschein ab ...

Ich habe meine übertragbare Monatskarte zu Hause vergessen. Der Kontrollor hat mich, damit er meinen richtigen Namen erfährt, angelogen und sagte ich könne diese nachbringen. Wenn ich gewußt hätte, dass das nicht stimmt, hätte ich einen falschen Namen angegeben. So finde ich die Strafe als ungerecht und will nichts bezahlen. Abgesehen davon kaufe ich mir sicher nie wieder einen Fahrschein.

Ich bin beim Schwarzfahren erwischt worden. Das ist schlimm. Noch schlimmer ist die zeitliche Koinzidenz dieses Deliktes mit meiner Hochzeit und den daraus resultierenden Kosten. Da meine Hochzeit eine schöne werden soll, bitte ich darum diese Strafe zu erlassen.

Ich möchte es bitte auf Raten machen ...

Ich saß gerade in der Straßenbahn und überlegte mir, was ich mir für einen Fahrschein kaufen könnte, da ich den ganzen Tag unterwegs bin. Da kam der Kontrollor ...

Mein 2-jähriges Kind klebte an der Scheibe fest und ich konnte es nicht lösen. Daher versäumte ich die Kurzstreckengrenze und fuhr eine Station zu viel. ?

# 10 Tipps, wie Sie in einem überfüllten Aufzug Aufsehen erregen können.

1) Wenn jemand einen Stock drücken will, seien sie schneller, täuschen aber nur an und ziehen den Finger sofort wieder weg (wiederholen Sie das so oft es geht und führen Sie ihre eigene Highscore-Liste).
2) Wenn jemand aussteigt stellen Sie ihm ein Bein.
3) Steigen Sie ein und drücken alle Stockwerke. Wenn sich jemand aufregt, sagen Sie ihm oder ihr, dass jeder Stock das Recht hat gesehen zu werden.
4) Halten sie den Aufzug während der Fahrt an und bedanken Sie sich, dass so viele Zuseher zu ihrem ersten Selbstmordversuch erschienen sind. Knien Sie sich anschließend hin und beginnen Sie zu beten.
5) Wenn jemand etwas über die Sprechanlage sagt.

Springen sie in die Ecke, schauen blitzartig umher und schreien: „Diese Stimmen, immer diese Stimmen!!!"

6) Nehmen Sie ein Furtzkissen mit und drücken Sie es im 10 sek Takt.

7) Stellen Sie sich zur Tür und begrüßen Sie alle einsteigenden Leute mit einem lauten: „Fahrscheine bitte!" (ein Locher in der Hand, ist dann natürlich das Tüpfelchen auf dem i)

8) Ziehen sie während der Fahrt ein Kreuz aus ihrer Tasche, halten sie es Richtung Aufzugtür und schreien: „NEIN, ich will nicht in die Hölle!"

9) Gehen Sie zu einer Frau und erklären Sie ihr, dass sie schwerste sexuelle Störungen haben und nur in Aufzügen wirklich geil werden (Tipp: sehen Sie ihr dabei sehr tief in die Augen)

10) Sobald sich die Person umdreht, scheißen Sie die Person neben ihnen wie die letzte Sau zusammen, was Sie sich überhaupt einbildet und was da nicht alles passieren kann.

## 43 Vorschläge, wie man andere in den Wahnsinn treibt

1. Verlasse das Kopiergerät mit folgenden Einstellungen: 200% verkleinern, A5 Papier, 99 Kopien.
2. Sitze in deinem Garten und zeige mit einem Fön auf vorbeifahrende Autos, um zu sehen, ob sie langsamer werden.
3. Fülle drei Wochen lang entkoffeinierten Kaffee in die Kaffeemaschine. Sobald alle ihre Koffeinsucht überwunden haben, gehe über zu Espresso.
4. Falls du ein Glasauge hast, tippe mit dem Füllfederhalter dagegen, wenn du mit jemandem sprichst.
5. Schreibe „Für sexuelle Gefälligkeiten" in die Verwendungszweck Zeile jeder deiner Überweisungen.
6. Befestige Moskito-Netze rund um deinen Schreibtisch.
7. Singe in der Oper laut hörbar mit.
8. Bestehe darauf, die Scheibenwischer in allen

Wetterlagen laufen zu lassen, um "deren Leistung zu erhöhen".

9. Antworte auf alles, was jemand sagt, mit „Das ist das, was DU glaubst!".
10. Übe das Nachmachen von Fax- und Modemgeräuschen.
11. Hebe irrelevantes Material in wissenschaftlichen Artikeln hervor und sende sie deinem Chef.
12. Beende alle deine Sätze mit „in Übereinstimmung mit der Prophezeiung!".
13. Signalisiere, dass eine Konversation beendet ist, indem du die Hände über die Ohren legst.
14. Nimm deinen Füllfederhalter auseinander und schnippe „zufällig" die Patrone durch den Raum.
15. Rufe Zufallszahlen, wenn jemand am zählen ist.
16. Stelle deinen Mülleimer auf den Schreibtisch und beschrifte ihn mit „Eingang".
17. Stell die Farbe am Fernseher so ein, dass alle Leute grün sind und erkläre, dass du es so magst.
18. Benutze Heftklammern in der Mitte des Blattes.
19. Erforsche in der Öffentlichkeit, wie langsam du

ein krächzendes Geräusch machen kannst.

20. Hupe und winke Fremden zu.
21. Ermutige deine Kollegen, in ein wenig Synchronstuhltanzen einzustimmen.
22. Lehne es im Restaurant ab, irgendwo an einen Tisch gesetzt zu werden und iss nur die Bonbons an der Kasse.
23. SCHREIB NUR IN GROSSBUCHSTABEN.
24. schreib nur in kleinbuchstaben.
25. SchrEiB AbWeChSeLnD GrOßE UnD KlEiNe BuChStAbEn.

26. Benutze absolut keine Interpunktion (Beistrich, Punkt etc.) egal wann.
27. Jedesmal, wenn dich jemand bittet, etwas zu tun, frage, ob er Pommes-Frites dazu will.
28. Kaufe große Mengen von diesen orangen Kegeln für den Straßenbau und stell sie der ganzen Straße entlang auf.
29. Wiederhole die folgende Unterhaltung einige Duzend Male mit dir selbst: „Hörst du das?" - „Was?" - „Ach, vergiss es, schon vorbei!"

30. Entwickle eine unnatürliche Angst vor Tackern.
31. Hüpfe anstatt zu gehen.
32. Bestehe darauf, daß du die E-Mail Adresse "Xena_Göttin_des_Feuers@firmenname.com" oder "Elvis_the_King@firmenname.com" bekommst.
33. Schicke E-Mails an die restlichen Leute in der Firma, um ihnen mitzuteilen, was du gerade tust. Zum Beispiel: „Wenn mich jemand braucht, ich bin auf der Toilette."
34. Versuche die Wilhelm-Tell-Ouvertüre (the Lone Ranger Theme) auf deinem Kinn zu klopfen. Wenn du fast fertig bist, sage „Nein, warte, ich hab es versaut", und wiederhole es.
35. Frage die Leute, welches Geschlecht sie sind.
36. Während du eine Präsentation machst, zucke gelegentlich mit dem Kopf wie ein Sittich.
37. Stampfe auf die kleinen Ketchup-Beutelchen.
38. Gib beim McDrive an, dass du die Bestellung zum Mitnehmen willst.
39. Geh zu einer Dichterlesung und frage, warum sich

die Gedichte nicht reimen.

40. Frage deine Mitarbeiter mysteriöse Fragen und schreib die Antworten auf einen Notizblock. Murmle etwas über „psychologische Profile".

41. Sag deinen Freunden schon 6 Tage im Voraus, dass du nicht zu ihrer Party gehen kannst, weil du nicht in Stimmung bist.

42. Wenn du Leuten etwas ausleihst, ruf sie täglich an und erinnere sie daran, dass sie im Falle eines Defekts das Gerät zahlen müssen.

43. Schick diesen Text per Mail an jeden in deinem Adressbuch, auch an die, die dir diese Mail geschickt haben.

## Provokantes Verhalten bei einer Fastfood-Bestellung am Drive-in-Schalter.

Autofahren macht Spaß. Essen macht Spaß. Am meisten Spaß macht Essen im Auto. Deswegen besitze ich diese erhöhte Affinität zu Drive-in-Schaltern, speziell in meinem Lieblings-Fast-Food-Restaurant.

Das Vergnügen an der Self-Service-Version des Essens auf Rädern wird allerdings erheblich durch die Qualität der Gegensprechanlage gemindert. Ich bin der Überzeugung, dass sie ihren Namen deshalb bekommen hat, weil sie völlig gegen das Sprechen ausgelegt ist.

„Hiere Bechelun hippe," knarzt es mir aus dem Lautsprecher entgegen – der übrigens ein lebender Beweis für die Haltbarkeit von Vorkriegsware ist. Heiliger McDonald! Investment wäre hier angebracht. Als erfahrener Drive-In'er weiß ich allerdings, dass der Herr am anderen Ende des Dosentelefons sich gerade nach meiner Bestellung erkundigt hat.

Ich eröffne das Spiel klassisch mit einer Gegenfrage: „Haben Sie etwas vom Huhn?" Aus der Gegensprech-.anlage tönt ein schwer verständliches Wort, dass allerdings eindeutig mit „...icken" endet. Deshalb antworte ich: „Gute Idee, junger Freund, aber zunächst möchte ich etwas essen." Etwas lauter tönt es zurück: „TSCHIKKEN !" „Ach so, Sie meinen Chicken. Nein, lieber doch nicht. Haben Sie vielleicht Presskuh mit Tomatentunke in Röstbrötchen?"
„Hamburger?", fragt mein unsichtbarer Gegenüber zurück. Wahrheitsgemäß erwidere ich: „Nein, ich bin Einheimischer. Aber wieso ist das so wichtig für meine Bestellung?"
„WOLLEN SIE EINEN H-A-M-B-U-R-G-E-R!?"
„Jetzt beruhigen Sie sich mal. Ja ich nehme einen."
„Schieß?"
„Stimmt, hatte ich nach der letzten Mahlzeit hier. Mittlerweile ist meine Darmflora allerdings wieder

wohlauf, so dass ich denke, ich kann es erneut riskieren."

„OB SIE KÄSE ZUM HAMBURGER MÖCHTEN!?"

„Netter Vorschlag. Ja, ich glaube ich nehme einen mittelalten Pyrenäen-Bergkäse, nicht zu dick geschnitten, von einer Seite leicht angeröstet."

Ob die nächste verknarzte Meldung aus dem Lautsprecher nun „Aber sicher doch" oder „Du *PIEP*" lautet, kann ich nicht exakt heraus hören.

Deutlich verstehe ich hingegen: „Was dazu ?".

Doch ja. Ich hätte gerne diese gesalzenen Frittierten Kartoffelstäbchen.." „Also Pommes?" - „Von mir aus auch die." - „Groß, mittel, klein?" - „Gemischt. Und zwar genau zu einem Drittel große, mittlere und kleine."

„WOLLEN SIE MICH EIGENTLICH VERARSCHEN??!!"

Diese, wiederum sehr laut formulierte Frage verstehe ich klar und deutlich. Sie verlangt eine ehrliche Antwort: „Falls das Bedingung ist, hier etwas zu essen zu kriegen: Ja. Also, machen wir weiter?"

„Gut, gut. Etwas zu den Pommes?"

„Ein schönes Entrecote, blutig, und ein Glas 1997er Chianti."
„ICH KOMM' DIR GLEICH RAUS UND GEB' DIR BLUTIG!!!"
„Machen Sie das, aber verschlabbern Sie den Chianti dabei nicht."
„SCHLUSS JETZT ! Schalter zwei. 6 Euro 55."
Schon vorbei. Gerade wo es anfängt lustig zu werden. Aber ich habe noch ein Ass im Ärmel. Ich zahle mit einem 500-Euro-Schein: „Tut mir leid, aber ich hab's nicht größer."
*PIEP* freundlich werde ich ausgekontert: „Kein Problem," und mit kaltem Blick ausbezahlt, klappert mein Wechselgeld auf dem Stahltresen. Doch nicht mit mir! Ich will den totalen Triumph: „Kann ich 'ne Quittung haben? Ist ein Geschäftsessen."

## Pizzabestellung im Jahre 2015

Pizzamann: „Danke, dass Sie Pizza Haube angerufen haben. Kann ich Ihre …"

Kunde: „Hi, ich möche etwas bestellen."

P: „Kann ich bitte erst Ihre NIDN haben?"

K: „Meine Nationale Identitäs Nummer, ja, warten Sie, die ist 7212590336-61-70182."

P: „Vielen Dank, Herr Krasser. Sie wohnen in der Rosenstraße 25 und Ihre Telefonnummer lautet 89 568 345. Ihre Firmennummer bei der Allianz ist 74 523 032 und Ihre Durchwahl ist -56. Von welchem Anschluss aus rufen Sie an?"

K: „Hä? Ich bin zu Hause. Wo haben Sie alle diese Informationen her?"

P: „Wir sind an das System angeschlossen."

K (seufzt): „Oh, natürlich. Ich möchte zwei von Ihren Spezial-Pizzen mit besonders viel Fleisch und extra scharf bestellen."

P: „Ich glaube nicht, dass das gut für Sie ist."

K: „Wie bitte?!"

P: „Laut Ihrer Krankenakte haben Sie einen zu hohen Blutdruck und extrem hohe Cholesterinwerte. Ihre Krankenkasse würde eine solche ungesunde Auswahl nicht gestatten."

K: „Verdammt! Was empfehlen Sie denn?"

P: „Sie könnten unsere Soja-Joghurt-Pizza mit ganz wenig Fett probieren. Sie wird Ihnen bestimmt schmecken."

K: „Wie kommen Sie darauf, dass ich das mögen könnte?"

P: „Nun, Sie haben letzte Woche das Buch ‚Sojarezepte für Feinschmecker' aus der Bücherei ausgeliehen. Deswegen habe ich Ihnen diese Pizza empfohlen."

K: „Ok, ok. Geben Sie mir zwei davon in Familiengröße. Was kostet der Spaß?"

P: „Das sollte für Sie, Ihre Frau und Ihre vier Kinder reichen. Der Spaß, wie Sie es nennen, kostet 45 Euro."

K: „Ich gebe Ihnen meine Kreditkartennummer."

P: „Tut mir leid, aber Sie werden bar zahlen müssen.

Der Kreditrahmen Ihrer Karte ist bereits überzogen."

K: „Ich laufe runter zum Geldautomaten und hole Bargeld, bevor Ihr Fahrer hier ist."

P: „Das wird wohl auch nichts. Ihr Girokonto ist auch überzogen."

K: „Egal. Schicken Sie einfach die Pizza los. Ich werde das Geld da haben. Wie lange wird es dauern?"

P: „Wir hängen ein wenig hinterher. Es wird etwa 45 Minuten dauern. Wenn Sie es eilig haben, können Sie sie selbst abholen, wenn Sie das Geld besorgen, obwohl der Transport von Pizza auf dem Motorrad immer etwas schwierig ist."

K: „Woher wissen Sie, dass ich Motorrad fahre?"

P: „Hier steht, dass Sie mit den Ratenzahlungen für Ihren Wagen im Rückstand sind und ihn zurückgeben mussten. Aber Ihre Harley ist bezahlt, also nehme ich an, dass Sie die benutzen."

K: "@#%/$@&?#!"

P: „Achten Sie lieber darauf, was Sie sagen. Sie

haben sich bereits im Juli 2006 eine Verurteilung wegen Beamtenbeleidigung eingefangen."

K: (sprachlos)

P: „Möchten Sie noch etwas?"

K: „Nein, danke. Oh doch, bitte vergessen Sie nicht, die beiden kostenlosen Liter Cola einzupacken, die es laut Ihrer Werbung zu den Pizzen gibt."

P: „Es tut mir leid, aber die Ausschlussklausel unserer Werbung verbietet es uns, kostenlose Softdrinks an Diabetiker auszugeben."

## 43 Gründe, warum eine Salatgurke einem Mann vorzuziehen ist

1) Die durchschnittliche Länge beträgt 25 cm.

2) Salatgurken bleiben eine ganze Woche hart.

3) Eine Salatgurke würde Dir niemals erzählen, dass Größe gar nicht zählt.

4) Salatgurken sind niemals zu erregt.

5) Du kannst eine Salatgurke im Supermarkt zunächst betasten, um festzustellen, wie hart sie ist, bevor sie mit nach Hause genommen wird.

6) Eine Salatgurke akzeptiert auch, dass Du am Morgen Deine Ruhe haben willst.

7) Mit einer Salatgurke kannst Du auch ins Kino gehen.

8) Eine Salatgurke wird niemals fragen: "Bin ich der Erste?"

9) Eine Salatgurke wird niemals fragen: "Bin ich der Beste?"

10) Eine Salatgurke würde niemals anderen

Salatgurken erzählen, dass Du keine Jungfrau mehr bist.

11) Eine Salatgurke würde Dich niemals zwingen, Reizwäsche zu tragen oder mit Stiefeln ins Bett zu gehen.

12) Du kannst so viele Salatgurken haben, wie Du willst.

13) Du kannst die Salatgurke essen, wenn Du willst.

14) Eine Salatgurke ist niemals eifersüchtig auf Deinen Gynäkologen, Masseur oder Friseur.

15) Salatgurken fangen nicht an, über Dinge zu reden, die sie nicht verstehen.

16) Eine Salatgurke würde Dir niemals eine Szene machen, wenn Du noch andere Salatgurken im Kühlschrank hast.

17) Egal wie alt Du bist, Du kannst immer eine frische Salatgurke haben.

18) Eine Salatgurke interessiert's nicht, welche Zeit es im Monat ist.

19) Einer Salatgurke müsstest Du niemals vorheulen, dass es Dir leid tut.

20) Salatgurken hinterlassen keine Brandflecken, schlafen nicht auf Deiner Brust ein und sabbern nicht auf Dein Kissen.

21) Salatgurken können die ganze Nacht aufbleiben, und Du brauchst nicht im Nassen zu schlafen.

22) Eine Salatgurke würde Dich nie in Sorge zurücklassen.

23) Salatgurken nehmen niemals Deine Telefongespräche an oder leihen Dein Auto aus.

24) Salatgurken fressen nicht Deinen Kühlschrank leer oder saufen Deinen Alkohol aus.

25) Salatgurken lassen nicht überall ihre dreckigen Unterhosen liegen.

26) Eine Salatgurke hinterlässt die Klobrille immer so, wie sie war.

27) Eine Salatgurke verlässt Dich nie wegen:
einer anderen Frau
einem anderen Mann
einer anderen Gurke

28) Du weißt immer, wo Deine Salatgurke war.

29) Du wirst später niemals enttäuscht feststellen

müssen, dass Deine Gurke verheiratet ist

30) Dich zwar mag, aber Deinen Bruder liebt.

31) Du musst nicht bis zur Halbzeit warten, um mit Deiner Gurke zu reden.

32) Salatgurken erwarten nie von Dir, eines Tages kleine Salatgurken zu haben.

33) Es ist einfach, eine Salatgurke fallen zu lassen.

34) Eine Salatgurke krümelt nicht in Dein Bett.

35) Salatgurken hinterlassen keinen eigenartigen Geschmack im Mund.

36) Eine Salatgurke kommt nicht spät abends besoffen nach Haus und bringt ihre Freunde mit.

37) Eine Salatgurke klaut Dir nicht die Bettdecke und bleibt trotzdem (wenn Du willst) die ganze Nacht.

38) Eine Salatgurke hinterlässt keine Knutschflecke oder Augenringe.

39) Eine Salatgurke macht dir keine Szene, wenn du mal ohne sie ausgehst (und dann auch noch bis in die frühen Morgenstunden!).

40) Einer Salatgurke musst du niemals hinterher-

räumen (ernorm wichtig!)

42) Eine Salatgurke labert dich nicht mit blöden Anmachsprüchen voll (wie schon Adam zu Eva im Paradies sagte: „Na, bist du öfters hier?")

43) Der einzige Vorteil, den ein Mann gegenüber einer Salatgurke hat: Er kommt nicht in den Salat!

## Rotkäppchen in der Jugendsprache

In dieser Story geht's um sonen reichen Zahn, der wohl mords knackig aussah, aber durch die feine Family total out war. Jede Menge Klamotten und sonen Plunder, aber dafür immer auf liebes Mädchen machen und sonen Scheiß. Die fuhr da aber entweder voll drauf ab oder blickte überhaupt nich durch, jedenfalls machte se nie Rabbatz sondern lief auch noch mit soner affigen roten Samtmütze rum, die ihr die Großmutter mal verpasst hatte. Jedenfalls durch selbige antike Dame kam dann die ganze Story ins Rollen. Die hatte es wohl irgendwie umgehauen, wie das bei diesen feinen Pinkeln ja immer so is. Jedenfalls lag se in ihrer Poofe flach und erwartet, dass die liebe Family anmarschiert kommt. Die Alten vom Zahn hatten da wohl aber auch nicht gerade den schärfsten Bock drauf, jedenfalls musste der Zahn jetzt mit sonem Fresskorb in den Wald latschen, wo der Nobelschuppen von der maroden Alten stand. Und wie der Zahn so durch den Wald schnürt, kommt doch son haariger dunkler Typ angepirscht und ist unheimlich scharf auf den Zahn, weil der so heiß aussieht. Die ist aber durch ihre scheiß bürgerliche Erziehung total verklemmt und lässt ne unheimlich blöde Quatsche raus. Der Typ denkt wohl, dass er das schon irgendwie managed und macht auf romantisch, so mit Blümlein, Vöglein und heiteitei. Die kapiert aber wieder nich die Bohne was läuft und will immer nur für die abgeschlaffte Alte Blumen griffeln. Der Typ dreht fast durch, weil er den Zahn nicht krallen kann, will aber unbedingt zu Potte kommen. Die Story mit dem kranken Friedhofsgemüse hatte der Zahn ja beim Blumenknacken an ihn rangelabert. Also nix wie hin in die Villa, die alte Dame aus der Poofe geschmissen und sich schon mal selber reingehauen. Als der Zahn endlich angeschlurft kommt, schnallt der erst gar nix. Hat wohl seine Linsen nicht drin oder ist sonstwie ein bisschen behämmert. Vielleicht isse aber auch cleverer als se aussieht, steigt aber voll auf die Masche ein. Jedenfalls nach sonem bisschen Geplänkel von wegen grosser Nase und Augen und so ist die Sache geritzt, der Typ griffelt sich den Zahn und vernascht ihn. Die Kiste wär ja auch ganz o.k. gewesen, wenn nicht die verklemmte Lady Zoff gemacht haette. Vielleicht hättse auch selber nen Bock auf den Typ gehabt und war jetzt sauer. Bei dieser Sorte Weiber ist ja alles drin. Jedenfalls holt se sonen Flinten-spezi als Verstärkung. Der spielt sich auch gleich als der dicke Macker auf unf fuchtelt solange mit sei-ner Knarre rum, bis der Typ die Mücke macht, und ist auch noch stolz drauf. Die alte Lady macht sich jetzt unheimlich über den Fresskorb her und ist auch ganz happy. Nur für den Zahn war das natürlich unheimlich beknackt, dass ihre erste dicke Kiste so voll in die Hose gegangen ist.

**Ein vorsichtiger Kanditat nimmt**

**an einem populären TV-Wissensquiz teil.**

Höchstgewinn - Euro 1.000.000.
Der TV-Showman stellt ihm folgenden Fragen:

1. Wie lange dauerte der Hundertjährige Krieg?
Die möglichen Antworten:

116 Jahre
99 Jahre
100 Jahre
150 Jahre

Der vorsichtige Kanditat nutzt sein Recht, die Frage nicht zu beantworten.

2. In welchem Land wurde der „Panama Hut" erfunden?

Brasilien
Chili
Panama
Ecuador

Der vorsichtige Kanditat bittet die Zuschauer um die

Hilfe.

3. Welchen Monat feiern die Russen den Tag der Oktober-Revolution?

Januar

September

Oktober

November

Der vorsichtige Kanditat nutzt das Recht, per Telefon einen Freund anzurufen.

4. Wie ist der richtige Name von König Georg IV.?

Albert

Georg

Manuel

Jonas

Der vorsichtige Kanditat nutzt das Recht, zwei falsche Antworten zu streichen.

5. Von welchen Tiernamen stammte der Name der Kanarischen Inseln?

Kanarienvogel
Känguruh
Ratte
Seehund

Der vorsichtige Kanditat fällt aus dem Spiel raus.

**Falls Sie beim Lesen gelacht haben, hier sind die richtigen Antworten:**

1. Der „Hundertjährige Krieg“ dauerte 116 Jahre (von 1337 bis 1453)
2. Der „Panama-Hut“ wurde in Ecuador erfunden.
3. Die Oktober Revolution wird am 7. November gefeiert.
4. Der richtige Name von König Georg IV. war Albert, er hat den Namen 1936 geändert.
5. Der Name der Kanarischen Inseln leitet sich vom Seehund ab („Insel der Seehunde“).

**Na, wären Sie nicht auch lieber vorsichtig gewesen?**

## Klassische Versprecher

Am Auto Ihres Steuers

Auf Wiederröhren

Da darf man dann kein Öl ins Wasser gießen.

Da spielt das dann kein Problem mehr.

Das Fehl verzielt

Das Grüne vom Ei

Das liegt schon eine Weile her...

Das muss man sich auf dem Mund zergehen lassen.

Das muss man sich mal auf den Augen zergehen lassen

Das Wahre vom Ei

Das wird Nachfolgen haben

Der hat die Weisheit mit Löffeln gepachtet

Der zieht sich bislang gut aus der Atmosphäre ...

Die Haare zu Kopf stehen lassen ...

Die Verminderung der Sehschwäche

Eine Cose Dola

Er ist mit allen Mitteln gewaschen.

Es konnte nicht bewiesen werden, dass es Gott nicht gibt.

Grund meines Anlasses ist

Himbelbeer

Ich bin fast aus allen Socken gefallen

Ich hab Kopfschmeh

Ich lecke mir die Füße danach ab.

Ich werde in der Lage versetzt.

In welcher Hinrichtung?

Kreisherzlaufleiden

Langarbeitszeitlose.

Laschwappen

Man darf nie aufgeben, die Hoffnung zu verlieren.

Mich rührt der Donner!

Mit Spatzen auf Glashäuser schießen.

Mondbesteigung

Nikotinfreier Kaffee

Reinen Tisch einschenken.

Saubstauger

Schnell und kurzlos

Schwamm beiseite

Sieb wie ein Gehirn

Strahlend blaue Sonne

## Wundersame Begegnungen

# Heitere Anekdoten aus 40 Jahren beim ORF

## Im Duell mit Rudi Carrell

Rudi Carrell ist unter Kollegen ebenso angesehen wie gefürchtet. Und als ich einmal die Gelegenheit hatte, ihn als Gast in der Sendung „Tele-As" zu begrüßen, konnte ich mich selbst von seinem pikanten Humor überzeugen.

„Sind Sie hier der Aufnahmeleiter?" - mit diesen Worten begann er seinen Auftritt. Wenig schlagfertig und eigentlich völlig überrumpelt stellte ich mich als „Peter Rapp" vor, worauf er gleich gekonnt nachhackte: „Ach, Sie sind der Mann von der Reiber?" Jetzt hatte ich mich gefasst und holte zum Gegenschlag aus: „Nein, aber man nennt uns manchmal Ali Rapp und die Reiber." Das war schon nicht so schlecht, ich fasste Mut, dann aber kam das Ende seines Auftrittes. Carrell stand am Bühnenabgang eine Stufe höher als ich: „Sie sind so klein oder stehen Sie in einer Grube?" Wohl hätte ich eine passende Antwort finden wollen, aber es kam anders: „Nein, Herr

Carrell, ich stehe schon da, wo ich hingehöre." Eigentor. Eins zu Null für den großen Showmaster.

## Leonard Bernstein zeigt mir seine Zunge

Premiere der „Wurlitzer-Sendung". Stargäste sind Hansi Hölzl (Falco), Leonard Bernstein, Hans Krankl und Eddie Constantine. Vier Ehrengäste das ist Stress. Ich beginne mit Hans Krankl, während Eddie Constantine nach überhöhtem Whiskey-Konsum an der Schulter von Heinz Schimanko einschläft, Leonard Bernstein und Falco mit Sekt gerade noch bei Laune gehalten werden können. Als dann die legendäre Bernstein-Parodie von Maxi Böhm abgespielt wird, fängt Bernstein hinter der Bühne an zu Kochen. Was bis dahin niemand wusste, Bernstein hasste diese Parodie. Schließlich dampft der große Musiker schnaubend ab, kann im letzten Moment aufgehalten werden und landet ein wenig unfreiwillig auf der Bühne. Strahlend präsentiert er sich dem Publikum, kaum aber schwenkt die Kamera ab, wendet sich Bernstein mir zu, schneidet Grimassen und streckt mir seine Zunge entgegen. Einfach großartig. Eben aus dem Whiskey-Tiefschlaf erwacht, steht auch schon Eddie Constantine vor mir: „Jetzt wo ich endlich dran bin, will ich auch reden!“ Und er hörte damit auch so schnell nicht auf. Coolness siegt, die Premiere wurde zu einem Erfolg.

**Telefon-Interview mit OTTO**

Eigentlich hätte ich mich schon im Vorhinein darauf einstellen müssen, dass ein Telefon-Interview mit Otto, dem berühmten Ostfriesen, es heftig in sich haben müsste:

**Otto:** „Hallo!“

**Rapp:** „ Grüß dich, Otto! Hier ist der Peter Rapp aus Wien ...“

**Otto:** „Halloo??“

**Rapp:** „Ja, Hallo Otto, hier spricht der Peter Rapp. kannst du mich hören?“

**Otto:** „Etwas lauter bitte!“

**Rapp:** „Otto. Peter Rapp spricht, vom ORF Wien!!!“

**Otto:** „Ich kann Sie kaum verstehen, können Sie nicht lauter sprechen?"

**Rapp, wird etwas rot im Gesicht:** „ Aber ich brülle mir doch schon die Seele aus dem Leib, Otto, da ist der Rapp!"

**Otto, beleidigt:** „Das hat gar keinen Sinn, wenn Sie mich so anbrüllen ..."

**Rapp, peinlich berührt:** „Entschuldige ..."

**Otto, bestimmt:** „Der Otto ist nämlich gar nicht zu Hause, und ich bin nur sein Anrufbeantworter, und ich lege jetzt auf, weil ich Sie nicht verstehen kann ... Klick!, Piep, piep, piep."

Einfach typisch Otto. Und ich bin ihm natürlich voll auf den Leim gegangen.

# Weitere Geschenkbücher aus dem Verlag 66

Hubert Bruckner

**Samlung von Stiehlblüten aus Folgs- und Haubtschule**

Unterhaltsam, lustig und frech. Hardcover, 128 Seiten, zahlreiche Illustrationen von Renate Habinger. ISBN 3-902211-01-6

Götz Kauffmann

**Küss die Hand?**

Mein Wiener Wörterbuch

Lustiger Sprachführer der Wiener Mundart & Wiener Küche. Hardcover, 240 Seiten, über 200 farbige Karikaturen von Stefan Torreiter. ISBN 3-902211-06-7

Harry Prünster

**Griaß di?**

Mein Tiroler Wörterbuch

Lustiger Sprachführer der Tiroler Mundart, inkl. lustigem Sprachführer auf CD. Hardcover, 240 Seiten, über 250 farbige Karikaturen von Stefan Torreiter, inkl. CD ISBN 3-902211-10-5

**Erhältlich überall im Buchhandel!**

# Edition Stars & Storys im Verlag 66

ISBN 3-902211-15-6

ISBN 3-902211-20-2

ISBN 3-902211-17-2

ISBN 3-902211-12-1

ISBN 3-902211-18-0

**Weitere Bände in Vorbereitung!**

Abbildungen unverbindlich!

**„Edition Stars & Storys"** - der Name spricht eigentlich schon Bände. Wörtlich genommen, denn diese neue Buchreihe des Verlag 66 versteht sich als einzigartige, originelle Fanbuch-Sammlung über die beliebtesten, deutschsprachigen Stars aus Film, Fernsehen, Musik und Unterhaltung. Namhafte Autoren bringen wissenswerte Details über Persönliches, Privates, über Karriere und Lebensphilosophie, über Hits und Flops. Diese sehr persönlichen Biographien werden durch umfangreiches und repräsentatives Bildmaterial ergänzt, das die wichtigsten Erfolge und Lebensabschnitte des jeweiligen Protagonisten dokumentiert.